essentials

essentials liefern aktuelles Wissen in konzentrierter Form. Die Essenz dessen, worauf es als „State-of-the-Art" in der gegenwärtigen Fachdiskussion oder in der Praxis ankommt. *essentials* informieren schnell, unkompliziert und verständlich

- als Einführung in ein aktuelles Thema aus Ihrem Fachgebiet
- als Einstieg in ein für Sie noch unbekanntes Themenfeld
- als Einblick, um zum Thema mitreden zu können

Die Bücher in elektronischer und gedruckter Form bringen das Expertenwissen von Springer-Fachautoren kompakt zur Darstellung. Sie sind besonders für die Nutzung als eBook auf Tablet-PCs, eBook-Readern und Smartphones geeignet. *essentials:* Wissensbausteine aus den Wirtschafts-, Sozial- und Geisteswissenschaften, aus Technik und Naturwissenschaften sowie aus Medizin, Psychologie und Gesundheitsberufen. Von renommierten Autoren aller Springer-Verlagsmarken.

Weitere Bände in der Reihe http://www.springer.com/series/13088

Dirk Lippold

Theoretische Ansätze der Personalwirtschaft

Ein Überblick

2., überarbeitete Auflage

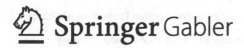

Dirk Lippold
Berlin, Deutschland

ISSN 2197-6708 ISSN 2197-6716 (electronic)
essentials
ISBN 978-3-658-26088-0 ISBN 978-3-658-26089-7 (eBook)
https://doi.org/10.1007/978-3-658-26089-7

Die Deutsche Nationalbibliothek verzeichnet diese Publikation in der Deutschen Nationalbibliografie; detaillierte bibliografische Daten sind im Internet über http://dnb.d-nb.de abrufbar.

Springer Gabler
© Springer Fachmedien Wiesbaden GmbH, ein Teil von Springer Nature 2015, 2019

Springer Gabler ist ein Imprint der eingetragenen Gesellschaft Springer Fachmedien Wiesbaden GmbH und ist ein Teil von Springer Nature
Die Anschrift der Gesellschaft ist: Abraham-Lincoln-Str. 46, 65189 Wiesbaden, Germany

Was Sie in diesem *essential* finden können

- Überblick über die wichtigsten personalwirtschaftlich relevanten Theorien
- Überblick über die wichtigsten ökonomischen Theorieansätze, die eine besonderen Bedeutung für die Personalwirtschaft haben
- Überblick über die wichtigsten verhaltenswissenschaftlichen Theorien mit besonderem Bezug zur Personalwirtschaft
- Gegenüberstellung von klassischen und neuen Führungsansätzen
- Aussagen zur Vereinbarkeit von neuen und alten Führungsansätzen

Vorwort zur 2. Auflage

Die zweite Auflage wurde durch entscheidende Aspekte der Personalführung ergänzt. Nicht zuletzt aufgrund der aktuellen Herausforderungen unserer Arbeitswelt, in der die digitale Transformation immer wichtiger und das Veränderungstempo immer schneller wird, haben sich neue Führungsansätze entwickelt. Wo Manager in früheren Zeiten vor allem aus der Zentrale agieren konnten, vergrößert sich ihr Wirkungsbereich sehr schnell, verteilt sich meist auf mehrere Märkte und Umgebungen und vor allem auf Mitarbeiter einer neuen Generation. „New Work" und „Digital Natives" sind hier die Stichworte. Die Rede ist von Konzepten wie Super Leadership, agile, virtuelle und digitale Führung oder geteilte bzw. verteilte Führung – um nur einige zu nennen. Sie ermöglichen eine breitere Perspektive auf Führung, indem sie den Interaktionsprozess zwischen Führungskräften und Mitarbeitern, die Bedeutung der Mitarbeiter und den organisationalen Kontext stärker in den Vordergrund rücken.

Allerdings haben die neuen Führungskonzepte sicherlich (noch) nicht den Status einer anerkannten Theorie, denn der Beweis einer Ursache-Wirkungsbeziehung zur Identifizierung allgemeiner Gesetzmäßigkeiten steht noch aus. Trotzdem sollen diese sogenannten New Work-Ansätze in den Kreis der personalwirtschaftlich relevanten Theorien mit aufgenommen und diskutiert werden.

Berlin   Dirk Lippold
im Februar 2019

Vorwort zur 1. Auflage

Eine wesentliche Voraussetzung einer fundierten akademischen Ausbildung in einem betrieblichen Funktions- oder Marktbereich ist das Verständnis zentraler theoretisch-konzeptioneller Ansätze, die von grundlegender Bedeutung für das Management und seine Gestaltungsmöglichkeiten in diesem Bereich sind. Die Maxime gilt in ganz besonderer Weise auch für das Personalmanagement (vgl. auch Stock-Homburg 2013, S. 38).

Die vorliegenden Ausführungen sind zu einem Großteil der 2. Auflage meines Buches *„Die Personalmarketing-Gleichung. Einführung in das wert- und prozessorientierte Personalmanagement"* sowie meinem Buch *„Die Unternehmensberatung. Von der strategischen Konzeption zur praktischen Umsetzung"* entnommen. Sie verfolgen das Ziel, allgemeine theoretisch-konzeptionelle Ansätze mit grundlegender Relevanz für das Personalmanagement sowie spezifische Ansätze, die ausschließlich bestimmte Teilbereiche des Personalmanagements betreffen, einzuordnen und in ihren Grundzügen zu erläutern.

Zur Unterstützung des Leseflusses wurde auf die Verwendung von Fußnoten verzichtet. Eine ausführliche Auflistung der verwendeten und weiterführenden Literatur ist im Anhang enthalten.

Berlin
im April 2015

Dirk Lippold

Inhaltsverzeichnis

Sachlich-systematische Grundlegung 1

Für das Verständnis der Zusammenhänge und Wirkungsweisen in der Personalwirtschaft sind solche gedanklichen Gebilde von Bedeutung, die geeignet sind, Phänomene der Realität zu erklären. Diese Gedankenkonstrukte, die als **Theorien** bezeichnet werden, stellen Aussagen über Ursache-Wirkungsbeziehungen dar und dienen der Identifizierung allgemeiner Gesetzmäßigkeiten (vgl. Kuß 2013, S. 47).

Allerdings konnte eine umfassende Theorie der Personalwirtschaft bislang nicht vorgelegt werden. Da man sie aufgrund der besonderen Struktur und Komplexität personalwirtschaftlicher Aktionen wohl auch kaum erwarten kann, „… *hat es mehrere Versuche gegeben, die Probleme der Personalwirtschaft mit Hilfe von fachfremden, zunächst in anderen Wirtschaftsbereichen entwickelten Theorien neu zu ordnen und in heuristischer Form vereinzelt auch neu zu lösen"* (Drumm 2000, S. 14).

Unter diesen (fachfremden) Theorieansätzen, die von grundlegender Bedeutung für die Personalwirtschaft sind, lassen sich *ökonomische* und *verhaltenswissenschaftliche* Ansätze unterscheiden.

- **Ökonomische Ansätze** mit Bezug zur Personalwirtschaft befassen sich vorwiegend mit alternativen Personalbeschaffungs- und Personalbindungsentscheidungen im Hinblick auf ihre Erfolgsauswirkungen.
- **Verhaltenswissenschaftliche Ansätze** betrachten in erster Linie kognitive Prozesse, d. h. die Reaktionen der Beschäftigten auf verschiedene Aktivitäten des Personalmanagements. Im Gegensatz zu den ökonomischen Theorien befassen sich die verhaltenswissenschaftlichen Ansätze nicht mit den Erfolgsaussichten von personalwirtschaftlichen Maßnahmen, sondern mit den Wechselwirkungen zwischen den Aktivitäten des Personalmanagements und dem Verhalten der Beschäftigten. Dabei leisten *austauschtheoretische Ansätze* und *motivationstheoretische Ansätze* einen besonderen Erklärungsbeitrag.

© Springer Fachmedien Wiesbaden GmbH, ein Teil von Springer Nature 2019
D. Lippold, *Theoretische Ansätze der Personalwirtschaft*, essentials,
https://doi.org/10.1007/978-3-658-26089-7_1

Sowohl die ökonomischen als auch die verhaltenswissenschaftlichen Erklärungs-ansätze zählen zu den allgemeinen theoretisch-konzeptionellen Ansätzen der Personalwirtschaft, weil sie sich in der Regel auf mehrere Personal-Aktionsfelder beziehen. Daneben existiert eine Reihe von spezifischen Erklärungsansätzen, die lediglich für bestimmte Teilaspekte der Personalwirtschaft relevant sind. Dazu zählen vornehmlich Ansätze zu den Aspekten der **Personalführung.**

- **Führungstheoretische Ansätze,** die auch als **klassische Führungsansätze** bezeichnet werden, befassen sich schwerpunktmäßig mit der Frage, wie *Führungserfolg* erklärt und wie *gute* Führung erreicht werden kann.
- **New Work-Ansätze,** die aufgrund disruptiver Organisationsumgebung, Digitalisierung und veränderter Bedürfnisse neuer Generationen Hochkonjunktur haben, ermöglichen dagegen eine breitere Perspektive auf Führung, indem sie den Interaktionsprozess zwischen Führungskräften und Mitarbeitern, die Bedeutung der Mitarbeiter und den organisationalen Kontext stärker in den Vordergrund rücken. Allerdings lassen sich die New Work-Führungsansätze nur bedingt den führungstheoretischen Ansätzen zuordnen, denn die Beweise einer Ursache-Wirkungsbeziehung zur Identifizierung allgemeiner Gesetzmäßigkeiten stehen noch aus.

Abb. 1.1 gibt einen Überblick über die wichtigsten theoretisch-konzeptionellen Ansätze, die eine grundlegende Bedeutung für die Personalwirtschaft haben.

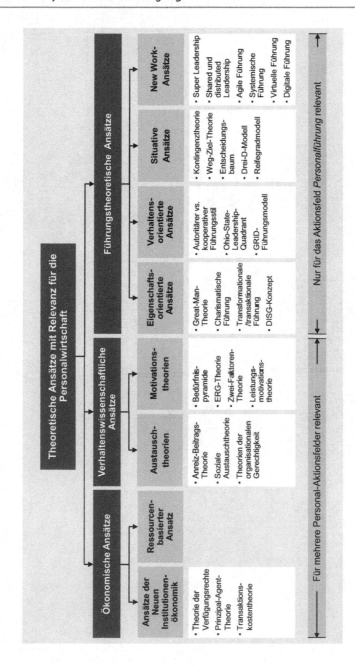

Abb. 1.1 Theoretisch-konzeptionelle Ansätze mit Relevanz für die Personalwirtschaft

Ökonomische Ansätze

2

Zu den ökonomischen Ansätzen zählt vor allem die erst seit geraumer Zeit in der Personalwirtschaft behandelte (Neue) Institutionenökonomik. Im Gegensatz zur neoklassischen Theorie befasst sich die **Institutionenökonomik** (engl. *Institutional economics*) mit der Unvollkommenheit realer Märkte und mit den Einrichtungen (Institutionen), die zur Bewältigung dieser Unvollkommenheit geeignet sind. *Institutionen* sind gewachsene oder bewusst geschaffene Einrichtungen, die quasi die Infrastruktur einer arbeitsteiligen Wirtschaft bilden. Märkte, Unternehmen, Haushalte, Dienst-/Werkverträge und Gesetze sind ebenso Institutionen wie Handelsbräuche, Kaufgewohnheiten, Geschäftsbeziehungen oder Netzwerke (vgl. Kaas 1992, S. 3).

Vereinfachend werden hier die Ansätze folgender Teildisziplinen behandelt:

- Ansätze der Neuen Institutionenökonomik mit der Theorie der Verfügungsrechte, der Prinzipal-Agent-Theorie und der Transaktionskostentheorie sowie der
- Ressourcenbasierter Ansatz.

2.1 Ansätze der Neuen Institutionenökonomik

2.1.1 Theorie der Verfügungsrechte

Die Theorie der Verfügungsrechte (engl. *Property-Rights-Theory*) setzt sich mit der Regelung von *Handlungs- und Verfügungsrechten* über Ressourcen auseinander. Als Verfügungsrecht gilt jede Art von Berechtigung, über Ressourcen zu verfügen. Die elementarste Form des Verfügungsrechts ist das Eigentum. Die Theorie besagt, dass nicht die physischen Eigenschaften eines Gutes, sondern die bestehenden Rechte an diesem Gut und seiner Nutzung für dessen Wert und Austauschrelation

© Springer Fachmedien Wiesbaden GmbH, ein Teil von Springer Nature 2019
D. Lippold, *Theoretische Ansätze der Personalwirtschaft,* essentials,
https://doi.org/10.1007/978-3-658-26089-7_2

maßgeblich sind. Somit beschäftigt sich dieser Ansatz, der gegenüber dem Kauf (mit dem Übergang des Eigentumsrechts) deutlich differenzierter ist, mit der Übertragung von Rechten, ein Gut zu benutzen, dessen Form zu verändern, sich den Ertrag aus der Nutzung zu sichern und die genannten Rechte zu veräußern (vgl. Gümbel und Woratschek 1995, S. 1010 f.).

Personalwirtschaftliche Aspekte der Theorie liegen beispielsweise vor, wenn Eigentümer nicht selbst als Unternehmer tätig sind und deshalb die Verfügungsrechte vertraglich an Manager übertragen, die für sie die Unternehmensführung wahrnehmen. Die gleiche Problemstruktur liegt vor, wenn der Eigentümer-Unternehmer bei arbeitsteiliger Verfolgung von Unternehmenszielen nicht mehr alleine handeln kann, sondern die Verfügungsrechte über seine Produktionsmittel an sein Personal delegieren muss. Insofern lässt sich die Theorie der Verfügungsrechte auf die Auswahl von Mitarbeitern und die Gestaltung von Arbeitsverträgen – also auf die Aktionsfelder *Personalauswahl und -integration* sowie *Personalvergütung* – übertragen (vgl. Drumm 2000, S. 15).

Der Verfügungsrechtsansatz geht von der Hypothese aus, dass die Verteilung der Verfügungsrechte das Verhalten der Akteure in systematischer und voraussehbarer Weise beeinflusst. Jede Veränderung der Verfügungsrechte führt somit zu Anpassungsentscheidungen der betroffenen Akteure.

2.1.2 Prinzipal-Agent-Theorie

Die Prinzipal-Agent-Theorie (engl. *Principal-Agent-Theory*) wurde zuerst in einem Aufsatz von Michael C. Jensen und William H. Meckling im Jahre 1976 erörtert. Sie befasst sich mit Interessenkonflikten, die sich aus einem Vertragsverhältnis zwischen einem Auftraggeber (Prinzipal) und einem Auftragnehmer (Agent) ergeben können. Typische Beispiele sind die Vertragsverhältnisse von Eigentümer und Manager, von Arbeitgeber und Arbeitnehmer oder von Käufer und Verkäufer. Eine Prinzipal-Agent-Beziehung ist gekennzeichnet durch asymmetrisch verteilte Informationen und opportunistisches Verhalten, d. h. es besteht das Risiko, dass der Agent nicht ausschließlich im Sinne des vereinbarten Auftrags und damit zum Nutzen des Prinzipals handelt, sondern auch eigene Interessen verfolgt. In einer solchen Situation steht der Prinzipal vor der Herausforderung, durch eine entsprechende Vertragsgestaltung im Hinblick auf Risikoverteilung und im Hinblick auf die Gestaltung von geeigneten Anreiz- und Kontrollsystemen sicherzustellen, dass der Agent die vereinbarte Leistung erbringt.

Von besonderer Bedeutung für eine solche Vertragsgestaltung ist das Konzept der **Informationsasymmetrie,** bei dem vier unterschiedliche Konstellationen unterschieden werden können (vgl. Stock-Homburg 2013, S. 479):

- **Verdeckte Eigenschaften** (engl. *Hidden characteristics*), d. h. dem Prinzipal sind wichtige Eigenschaften des Agenten (Qualifikation, Fähigkeiten etc.) bei Vertragsabschluss unbekannt;
- **Verdeckte Handlungen** (engl. *Hidden action*), d. h. der Prinzipal kann die Leistungen des Agenten während der Vertragserfüllung nicht beobachten bzw. die Beobachtung ist mit hohen Kosten verbunden;
- **Verdeckte Informationen** (engl. *Hidden information*), d. h. der Prinzipal kann die Handlungen des Agenten zwar problemlos beobachten, aufgrund fehlender Kenntnisse oder Informationen jedoch nicht hinreichend beurteilen;
- **Verdeckte Absichten** (engl. *Hidden intention*), d. h. dem Prinzipal sind Absichten und Motive des Agenten in Verbindung mit der Vertragserfüllung verborgen.

Bei den Konstellationen *Hidden action* und *Hidden information* besteht das Problem des subjektiven Risikos (engl. *Moral hazard*). Das Problem gründet sich darin, dass der Prinzipal auch nach Vertragserfüllung nicht beurteilen kann, ob das Ergebnis durch qualifizierte Anstrengungen des Agenten erreicht wurde, oder ob (bzw. wie sehr) andere Faktoren das Ergebnis beeinflusst haben.

Anlass für die Entwicklung und Übertragung dieses Theorieansatzes auf die Personalwirtschaft war die Beobachtung, dass Eigentümer-Unternehmer generell besser auf ihr eigenes Kapital achten als angestellte Manager. Der Erklärungsbeitrag der Prinzipal-Agent-Theorie bezieht sich somit in erster Linie auf die Aktionsfelder *Personalvergütung* (z. B. Ergebnisbeteiligung des Agenten) und *Personalführung* (z. B. Management by Objektives).

2.1.3 Transaktionskostentheorie

Der Transaktionskostenansatz (engl. *Transaction-Cost-Theory*), der auf Ronald H. Coase (1937) zurückgeht und von Oliver E. Williamson in den 1970er Jahren weiterentwickelt wurde, nimmt eine zentrale Position im Rahmen der von der Personalwirtschaft adaptierten fachfremden Theorien ein. Als Transaktionskosten werden jene Kosten bezeichnet, die im Vorfeld und/oder im Verlauf einer Austauschbeziehung entstehen. Für die Personalwirtschaft ist die Vereinbarung eines Beschäftigungsverhältnisses eine Austausch- bzw. Transaktionsbeziehung. Dabei können Kosten im Vorfeld (ex-ante) oder nach Abschluss eines Arbeitsverhält-nisses (ex-post) anfallen. Zu den *Ex-ante-Kosten* zählen Aufwendungen für die Personalbeschaffung und -auswahl sowie für die Vertragsverhandlungen; unter *Ex-post-Kosten* versteht man Aufwendungen zur Überprüfung der Einhaltung von Verträgen, Aufwendungen für Anpassungsmaßnahmen (z. B. Weiterbildung) und Aufwendungen für eine evtl. Vertragsauflösung (vgl. Bartscher et al. 2012, S. 66). Die Aussagen über die Höhe der Transaktionskosten basieren dabei auf zwei zentrale Verhaltensmaßnahmen. Die erste Verhaltensannahme besagt, dass die Transaktionspartner *beschränkt rational* agieren. Die zweite Annahme geht von einem opportunistischen Verhalten der Transaktionspartner aus, d. h. die Partner verfolgen ihre Interessen auch unter Missachtung sozialer Normen (vgl. Williamson 1975, S. 20 ff., 1985, S. 47 ff.).

Der besondere Nutzen dieser Theorie wird deutlich, wenn man einen Erklärungsansatz dafür sucht, warum Unternehmen so unterschiedliche Personal-politiken verfolgen. So gibt es Unternehmen, die ihre Mitarbeiter in hohem Maße fördern, entwickeln und unterstützen (z. B. Unternehmensberatungen), während andere Organisationen relativ wenig in ihr Personal investieren (z. B. Fast-Food-Ketten). Aber auch zur Bestimmung der tatsächlichen Erfolgsauswirkungen des Outsourcings von Personalmanagement-Aktivitäten kann die Transaktionskosten-theorie wichtige Erkenntnisse liefern.

So nimmt der Theorieansatz an, dass die Transaktionskosten mit zunehmender *Spezifität* und *Unsicherheit* ansteigen. Unter **Spezifität** („Humankapitalspezifi-tät") sind die Qualifikationen, Fähigkeiten und Kenntnisse des Mitarbeiters zu verstehen, die benötigt werden, um die Stellenanforderungen gegenwärtig und zukünftig erfüllen zu können. Bei einem hohen Spezifitätsgrad ist von einem hohen Bindungsinteresse der Vertragspartner auszugehen. Hohe **Unsicherheit** entsteht, wenn Rahmenbedingungen wie Prozesse oder Kundenbeziehungen hochgradig komplex bzw. dynamisch sind. Hohe Spezifität und hohe Unsicherheit bedeuten somit, dass Unternehmen entsprechende Investitionen in die Beziehungs- und Personalarbeit aufbringen müssen. Aus Sicht der Transaktionskostentheorie nimmt personalwirtschaftliches Handeln so etwas wie eine „Reparaturfunktion" für unvoll-ständige Arbeitsverträge wahr (vgl. Eigler 1997, S. 7 ff.; Becker, M. 2010, S. 54 ff.).

Der Erklärungsbeitrag der Transaktionskostentheorie bezieht sich prinzi-piell auf alle personalwirtschaftlichen Maßnahmen zur *Personalgewinnung* und *Personalbindung*.

In Abb. 2.1 sind die oben beschriebenen ökonomischen Theorieansätze mit ihren jeweiligen Erklärungsbeiträgen für verschiedene Aktionsfelder des Personalbereichs aufgeführt.

Theorieansatz	Personal-Aktionsfeld	Erklärungsbeitrag der Theorie
Theorie der Verfügungsrechte	Personalauswahl und -integration	Auswahl und Einsatz von Managern
	Personalvergütung	Ausgestaltung des Anreiz- und Vergütungssystems von Managern
Prinzipal-Agent-Theorie	Personalvergütung	Ausgestaltung der vertraglichen Arbeitsbeziehung insb. Ergebnisbeteiligung des Agenten
	Personalführung	Management by Objectives insb. Zielvereinbarungsgespräche
Transaktionskosten-theorie	Personalauswahl und -integration	Bedarfsorientierte Personalbeschaffungs-maßnahmen (Anbahnungskosten)
	Personalvergütung	Bedarfsorientierte Ausgestaltung institutioneller Arrangements (Arbeitsverträge inkl. Bonussysteme)
	Personalentwicklung	Bindungsorientierte Förderung und Entwicklung von Mitarbeitern (Anpassungskosten)
	Personalfreisetzung	Kosten für die Auflösung von Arbeitsverträgen

Abb. 2.1 Erklärungsbeitrag ökonomischer Theorien für verschiedene Personal-Aktionsfelder. (Quelle: in Anlehnung an Reuter 2011, S. 15)

2.2 Ressourcenbasierter Ansatz

Während es bei der Transaktionskostentheorie darum geht, welche Kosten das Unternehmen im Vorfeld und im Verlauf von Arbeitsbeziehungen mit seinen Mitarbeitern beachten und optimieren muss, geht es beim ressourcenbasierten Ansatz um die Frage, inwieweit Führungskräfte bzw. Mitarbeiter dazu beitragen, strategische Wettbewerbsvorteile für ein Unternehmen zu realisieren.

Der ressourcenbasierte Ansatz (engl. *Resource-based-View*), als dessen zentraler Vertreter Jay Barney (1991) gilt, geht davon aus, dass der Erfolg von Unternehmen davon abhängt, inwieweit diese über strategische Wettbewerbsvorteile, d. h. über spezifische oder einzigartige Ressourcen verfügen. Dabei wird zwischen tangiblen, intangiblen und humanen Ressourcen unterschieden. Während **tangible Ressourcen** die finanzielle Ressourcen (z. B. Bargeld, Sicherheiten, Kreditrahmen) und das physische Kapital (z. B. Fabrikgebäude, Maschinen, Anlagen, Grundstücke, Rohstoffreserven) beinhalten, zählen zu den **intangiblen**

Ressourcen die verfügbare Technologie (Patente, Rechte, Geschäftsgeheimnisse), die Reputation, die Kultur und die Organisation des Unternehmens. **Humane Ressourcen** umfassen vor allem das Know-how der Beschäftigten, ihre Kommunikations- und Teamfähigkeit sowie das Managementteam eines Unternehmens (vgl. Reuter 2011, S. 14 ff; Barney 1991, S. 101).

Abb. 2.2 zeigt die verschiedenen Ressourcenkategorien im Überblick.

Besonders die **humanen Ressourcen** werden als erfolgsrelevant angesehen, denn sie sind in aller Regel wertvoll, selten, schwer imitierbar und kaum substituierbar. Die Einteilung in diese vier Ressourceneigenschaften geht zurück auf Barney [1991] und findet sich in der Literatur unter der Abkürzung VRIO-Eigenschaften (engl. V = *valuable*, R = *rare*, I = *inimitable*, O = *organizationally oriented*) wieder (vgl. Reuter 2011, S. 8 f.).

Wertvoll sind humane Ressourcen deshalb, weil sie zur Entwicklung und Implementierung von Strategien, die den Erfolg eines Unternehmens ausmachen können, beitragen. *Selten* sind humane Ressourcen, weil Führungskräfte und Mitarbeiter mit bestimmten Qualifikationen und Fähigkeiten auf dem Arbeitsmarkt nicht unbegrenzt zur Verfügung stehen. Da sich im Laufe der Zeit die Fähigkeiten und Verhaltensweisen der Mitarbeiter an die Unternehmensanforderungen anpassen, wird es zunehmend schwerer diese Konsistenz zwischen Fähigkeiten und Unternehmensanforderungen durch andere Unternehmen zu imitieren. Die geringe Substituierbarkeit schließlich ist darauf zurückzuführen, dass die menschliche Arbeitskraft (insbesondere für konzeptionelle Tätigkeiten) nur sehr

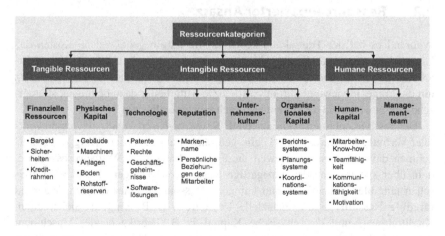

Abb. 2.2 Ressourcenkategorien. (Quelle: in Anlehnung an Reuter 2011, S. 15)

begrenzt durch andere Ressourcen (z. B. Maschinen) ersetzt werden kann (vgl. Stock-Homburg 2013, S. 50 f.).

Der ressourcenbasierte Ansatz stellt also die Gestaltung der Personalmanagementsysteme und damit die menschliche Ressource als zentralen Wettbewerbsvorteil für Unternehmen in den Mittelpunkt der Erkenntnisgewinnung. Auch zur Evaluierung der Erfolgsaussichten von Outsourcing-Maßnahmen kann der ressourcenbasierte Ansatz herangezogen werden.

Verhaltenswissenschaftliche Ansätze 3

3.1 Austauschtheoretische Ansätze

Austauschtheoretische Ansätze versuchen eine Antwort darauf zu geben, warum Mitarbeiter in ein Arbeitsverhältnis mit einem Unternehmen eintreten bzw. in diesem verbleiben. Hierbei spielen Aspekte des Anreizes, der Bedürfnisstrukturen der Mitarbeiter und der organisationalen Gerechtigkeit eine besondere Rolle. Im Folgenden werden drei austauschtheoretische Ansätze vorgestellt:

- Anreiz-Beitrags-Theorie
- Soziale Austauschtheorie
- Theorien der organisationalen Gerechtigkeit.

3.1.1 Anreiz-Beitrags-Theorie

Die auf Chester I. Barnard (1938) zurückgehende und im Wesentlichen von James G. March und Nobelpreisträger Herbert A. Simon (1958) weiterentwickelte Anreiz-Beitrags-Theorie konzentriert sich auf die Frage, unter welchen Bedingungen Mitarbeiter in Organisationen eintreten und dazu motiviert werden, die vereinbarten Leistungen im Rahmen des Arbeitsverhältnisses zu erbringen. Damit stehen Entscheidungen über Eintritt, Verbleib und Austritt im Mittelpunkt der Theorie. Diese Entscheidungen kommen dadurch zustande, dass Personen eine Austauschbeziehung in der Art bewerten, dass sie die zu erbringenden bzw. erbrachten Leistungen (= Beiträge; engl. *Contributions*) mit den Gegenleistungen (= Anreize; engl. *Inducements*) vergleichen. Für Unternehmen geht es dementsprechend darum, die Anreize für Führungskräfte und Mitarbeiter derart zu setzen, dass deren

© Springer Fachmedien Wiesbaden GmbH, ein Teil von Springer Nature 2019
D. Lippold, *Theoretische Ansätze der Personalwirtschaft,* essentials,
https://doi.org/10.1007/978-3-658-26089-7_3

Leistungsbereitschaft gesichert oder sogar gesteigert werden kann. Solche Beiträge bzw. Anreize können sowohl monetärer als auch nicht-monetärer Art sein (vgl. Stock-Homburg 2013, S. 55 unter Bezugnahme auf Simon 1997, S. 141 ff.).

Die zentrale Annahme der Anreiz-Beitrags-Theorie ist nun, dass die Austauschpartner nach einem *Gleichgewicht* in der Austauschbeziehung streben. Ein solches Gleichgewicht liegt dann vor, wenn die Anreize, die einer Person angeboten werden, mindestens gleich groß oder größer als die von ihr gelieferten Beiträge sind. Ein Ungleichgewicht liegt bspw. vor, wenn sich Mitarbeiter in hohem Maße für das Unternehmen engagieren, aber ihrer Meinung nach nicht hinreichend für ihre Leistungen vergütet werden. In einem solchen Fall werden sie nach Beschäftigungsmöglichkeiten in anderen Bereichen bzw. Unternehmen suchen. Insofern besagt die grundlegende Gesetzesaussage der Anreiz-Beitrags-Theorie, *„dass eine Organisation nur dann fortbesteht, wenn ein subjektiv empfundenes Gleichgewicht zwischen den von der Organisation angebotenen Anreizen und den von den Organisationsmitgliedern erbrachten Beiträgen besteht"* (Becker, M. 2010, S. 45). Daher wird die Anreiz-Beitrags-Theorie auch als **Theorie des organisatorischen Gleichgewichts** (engl. *Theory of Organizational Equilibrium*) interpretiert.

3.1.2 Soziale Austauschtheorie

Die soziale Austauschtheorie, die auf Arbeiten von George C. Homans (1958), Peter M. Blau (1964) sowie John W. Thibaut und Harold H. Kelley (1959) beruht, ist keine einheitliche und abgeschlossene Theorie, sondern bildet den Rahmen mehrerer Konzepte und Ansätze in Bezug auf soziale Interaktionen bzw. Austauschprozesse. Allen Ansätzen ist die Annahme gemein, dass Individuen soziale Beziehungen nur eingehen bzw. aufrechterhalten, wenn die Beziehungen einen Nutzen stiften, d. h. wenn sie mehr Vor- als Nachteile haben. Dabei gehen die Ansätze von einer Maximierung von Nutzen (Belohnungen) und einer Minimierung von Kosten als Motiv bei Menschen aus (vgl. Rathenow 2011, S. 25 ff.).

Aus Sicht der Personalwirtschaft kann die soziale Austauschtheorie Antworten auf die Frage geben, welche Faktoren zur Zufriedenheit und Bindung (engl. *Retention*) von Mitarbeitern beitragen. So lässt sich die Beziehung mit einem Unternehmen als wechselseitiger Austausch von Belohnungen interpretieren, zu denen materielle Güter ebenso zählen wie Leistungen nichtmaterieller Art und Gefühlsäußerungen (Sympathie, Wertschätzung, Prestige). Das Ergebnis einer Austauschbeziehung (E) resultiert aus der Differenz zwischen Nutzen und Kosten für eine Person. Die Bewertung der Beziehung mit dem Unternehmen, die jeder Beschäftigte für sich vornimmt, erfolgt anhand zweier zentraler Vergleichsmaßstäbe:

- dem Vergleichsniveau (Comparison Level = CL) und
- dem Vergleichsniveau externer Alternativen (Comparison Level for Alternatives = CL_{Alt}).

Das Vergleichsniveau CL definiert ein aus Bedürfnissen und Erfahrungen ähnlicher Situationen (z. B. mit früheren Arbeitgebern) konstruiertes Anspruchsniveau, das sich der Mitarbeiter aus der Beschäftigungssituation erwartet. Wird das Vergleichsniveau CL vom Ergebnis E übertroffen (E > CL), stellt sich Zufriedenheit und Commitment des Mitarbeiters gegenüber dem Unternehmen ein. Auch das zweite Vergleichsniveau CL_{Alt} entscheidet über die Stabilität einer Bindung. Es ergibt sich aus potenziellen und/oder bestehenden Alternativbeziehungen und bestimmt, bis zu welchem Niveau der Nutzen abnehmen kann, ohne dass der Mitarbeiter das Unternehmen verlässt. Somit beeinflussen nach diesem Ansatz die Positionen des Ergebnisses und die der Vergleichsniveaus die Stabilität und Beziehung eines Mitarbeiters mit seinem Unternehmen (vgl. Häußler 2011, S. 102 f.).

Abb. 3.1 stellt alle sechs denkbaren Kombinationen und ihre Wirkung für den Bestand bzw. Fortlauf einer Beziehung mit dem Unternehmen vergleichend gegenüber.

Aus der Gegenüberstellung von Ergebnis und den jeweiligen Vergleichsniveaus lassen sich im Kern **vier alternative Typen** von Mitarbeitern (siehe Abb. 3.2) bezüglich ihrer Zufriedenheit und Bindung mit dem Unternehmen ableiten (vgl. Stock-Homburg 2013, S. 61 f.):

- Von den **nachhaltig Gebundenen** werden die Ergebnisse der Austauschbeziehung höher eingeschätzt als die beiden Vergleichsniveaus.
- Bei den **Absprungkandidaten** ist es genau umgekehrt. Die Ergebnisse werden geringer eingestuft als die beiden Vergleichsniveaus.
- Die **unecht Gebundenen** sind mit dem Ergebnis der Austauschbeziehung unzufrieden, haben jedoch keine attraktiven Alternativen außerhalb des Unternehmens.
- **Jobhopper** sind zwar mit dem Ergebnis der Austauschbeziehung zufrieden, fühlen sich aber aufgrund verfügbarer externer Alternativen relativ wenig an das Unternehmen gebunden.

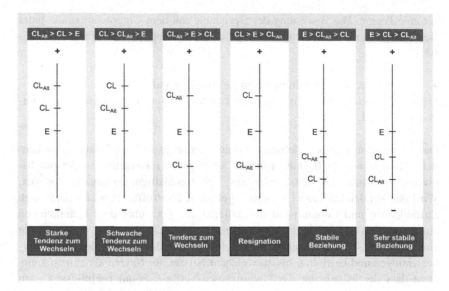

Abb. 3.1   Attraktivität sozialer Beziehungen in Abhängigkeit von Vergleichsebenen. (Quelle: Häußler 2011, S. 103 in Anlehnung an Wiswede 2007, S. 100)

3.1.3   Theorien der organisationalen Gerechtigkeit

Das Phänomen der *Gerechtigkeit* ist nicht nur im alltäglichen Leben, sondern auch in Organisationen von ganz besonderer Bedeutung. Das Festlegen der Gehaltsstruktur, die Verteilung der variablen Einkommen und Boni, die Verfahren der Personalauswahl und -entlassung oder auch der alltägliche Umgang der Mitarbeiter untereinander sind gerechtigkeitsrelevante Situationen in Unternehmen und anderen Organisationen. Besonders auch das Verhalten und die Entscheidung von Führungskräften werden unter dem Aspekt der Gerechtigkeit wahrgenommen. Nicht zuletzt trägt die organisationale Gerechtigkeit zur Wahrung und Förderung des Betriebsfriedens, zu dem sowohl Arbeitgeber als auch Arbeitnehmer durch das Betriebsverfassungsgesetz (§ 74 Abs. 2 BetrVG) verpflichtet sind, bei. Eine Vielzahl institutioneller Einrichtungen in und außerhalb von Organisationen dient der Sicherstellung von Gerechtigkeitsansprüchen von Organisationsmitgliedern. Hierzu zählen organisationsinterne Lösungen wie Gleichstellungsbeauftragte, Ombudsmänner, Beschwerdestellen, Einigungsstellen, Betriebsvereinbarungen oder auch externe Lösungen wie Arbeitsgerichte oder gewerkschaftliche Vertretungen (vgl. Feldmann 2009, S. 1 f. und 20 f.).

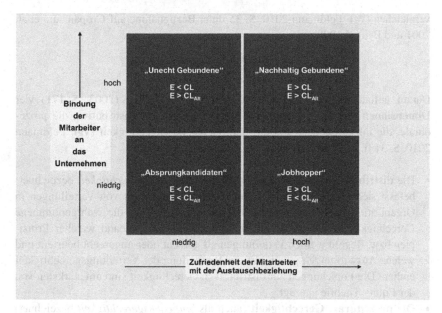

Abb. 3.2 Typologie der Mitarbeiterzufriedenheit und -bindung. (Quelle: Stock-Homburg 2013, S. 61)

Eine Austauschbeziehung wird im Allgemeinen dann als *gerecht* angesehen, wenn kein Austauschpartner unbegründete Vor- oder Nachteile wahrnimmt. Wichtig für die Beurteilung des Gerechtigkeitsgrades einer Austauschbeziehung ist das wahrgenommene Verhältnis zwischen dem erhaltenen Ergebnis und dem geleisteten Beitrag. Mit dieser *wahrgenommenen* Gerechtigkeit beschäftigen sich die Theorien der organisationalen Gerechtigkeit.

Im Mittelpunkt steht dabei die von John Stacy Adams (1965) entwickelte **Equity Theorie** (der Gerechtigkeit), die auf der Annahme beruht, dass die Zufriedenheit und das Verhalten von Organisationsmitgliedern nicht von der absoluten Hohe des eigenen Einkommens abhängig sind, sondern stattdessen von der Relation des Einkommens zu einem anderen Einkommen beeinflusst werden. Nach der Equity Theorie gilt die Regel, dass Menschen (Mitarbeiter, Führungskräfte) den Quotienten der Ergebnisse (engl. *Output*), die sie in einer Situation erhalten, und der Beiträge (engl. *Input*), die sie in die Situation (Arbeit) einbringen, mit dem Quotienten einer Bezugsperson, beispielsweise eines Kollegen, vergleichen (vgl. Feldmann 2010, S. 35 unter Bezugnahme auf Cropanzano et al. 2001 und Beugré 1998):

$$\frac{\text{Output}_A}{\text{Input}_A} = \frac{\text{Output}_B}{\text{Input}_B}$$

Darauf aufbauend unterscheiden Colquitt und Greenberg (2003, S. 171) vier **Dimensionen der organisationalen Gerechtigkeit:** die distributive, die prozedurale, die informationale und die interpersonelle Gerechtigkeit (vgl. Feldmann 2010, S. 31 ff. unter Bezugnahme auf Colquitt et al. 2005):

- Die **distributive Gerechtigkeit** (auch als *Verteilungsgerechtigkeit* bezeichnet) befasst sich mit den Wahrnehmungen der Gerechtigkeit von Verteilungen in Organisationen. Welche Gegenstände sind bezogen auf die wahrgenommene Gerechtigkeit von Verteilungen besonders relevant? Anhand welcher Prinzipien bzw. Regeln werden Verteilungen als gerecht oder ungerecht beurteilt und welche Auswirkungen gehen mit der Beurteilung der Verteilungsgerechtigkeit einher? Die Forschungen zur distributiven Gerechtigkeit sind am stärksten von der Equity Theorie geprägt.
- Die **prozedurale Gerechtigkeit** (auch als *Vorgehensgerechtigkeit* bezeichnet) bezieht sich auf das Vorgehen, das in einer Organisation der Entscheidungsfindung vorausgeht bzw. diese begleitet. Ein gerechter Prozess muss konsistent, vorurteilsfrei, ethisch und genau sein. Zudem müssen alle relevanten Interessen berücksichtigt werden und die Möglichkeit zur Berufung bestehen. Durch faire Verfahrensweisen können auch negative Ergebnisse deutlich akzeptabel erscheinen.
- Bei der **informationalen Gerechtigkeit** geht es darum, ob sich das Informationsverhalten des Entscheiders wahrheitsgemäß, ausreichend, verständlich und offen vollzieht. Darüber hinaus sollten die Informationen zeitnah erfolgen und Begründungen enthalten. Die informationale Gerechtigkeit beschreibt die sozialen Aspekte der prozeduralen Gerechtigkeit.
- Die **interpersonelle Gerechtigkeit** beschreibt im Wesentlichen, inwieweit die Mitarbeiter einer Organisation von den Entscheidungsträgern respektvoll und höflich behandelt werden. Die interpersonelle Gerechtigkeit beschäftigt sich mit den sozialen Aspekten distributiver Gerechtigkeit.

In der Literatur werden die beiden letztgenannten Dimensionen, die beide die sozialen Gesichtspunkte der Gerechtigkeit beschreiben, häufig auch zur so genannten **interaktionalen Gerechtigkeit** zusammengefasst bzw. als entsprechende

Subdimensionen aufgefasst. Somit lassen sich die folgenden *drei kardinalen Dimensionen* der organisationalen Gerechtigkeit festhalten (vgl. Jacobs und Dalbert 2008, S. 4 ff.):

- **Distributive Gerechtigkeit** (zur Angemessenheit der Verteilungsergebnisse)
- **Prozedurale Gerechtigkeit** (zur Angemessenheit des Verfahrens)
- **Interaktionale Gerechtigkeit** (zur Angemessenheit der Behandlung durch die Entscheidungsträger.

Diesen Gerechtigkeits*dimensionen* stehen drei **Kernprinzipien der Entgeltgerechtigkeit,** die für die Zusammensetzung der Gehaltsstruktur maßgeblich sind gegenüber (vgl. Lippold 2010, S. 18):

- **Anforderungsgerechtigkeit** (im Hinblick auf Qualität, Schwierigkeitsgrad oder Verantwortungsbereich der jeweiligen Position/Stelle),
- **Marktgerechtigkeit** (im Hinblick auf die Vergütungsstruktur der Branche bzw. des Wettbewerbs) sowie
- **Leistungsgerechtigkeit** (im Hinblick auf die Leistung der Führungskraft einerseits und des Unternehmens andererseits).

Werden die Gerechtigkeits*dimensionen* mit den drei Gerechtigkeits*prinzipien* kombiniert, so ergibt sich eine 3 × 3-Matrix. In Abb. 3.3 ist diese Matrix mit beispielhaften Ansatzpunkten vervollständigt. Wie die Erfahrungen aus der Praxis zeigen, erfüllen viele Unternehmen die distributive und teilweise auch die prozedurale Gerechtigkeitsdimension. Die interaktionale Gerechtigkeit, d. h. das Aushandeln

Prinzip \ Dimension	Interaktionale Gerechtigkeit	Prozedurale Gerechtigkeit	Distributive Gerechtigkeit
Anforderungs-gerechtigkeit	Aushandeln der jeweils passenden Karrierestufe	Transparent machen von Karrierestufen	Festlegen der generellen Karrierestufen
Marktgerechtigkeit	Aushandeln der jeweils passenden Gehalts-strukturelemente	Transparent machen von Gehaltsbandbreiten	Festlegen der generellen Gehaltsstruktur
Leistungs-gerechtigkeit	Aushandeln der jeweils passenden Zielvereinbarung	Transparent machen des Review-Prozesses	Leisten von Bonuszahlungen/ Prämien

Abb. 3.3 Gegenüberstellung von Gerechtigkeitsdimensionen und -prinzipien. (Quelle: Brietze und Lippold 2011, S. 231)

bestimmter Vergütungselemente insbesondere in Verbindung mit der Leistungs-gerechtigkeit wird bislang noch wenig praktiziert (vgl. Brietze und Lippold 2011, S. 231 ff.).

3.2 Motivationstheoretische Ansätze

Bei den **motivationstheoretischen Ansätzen** geht es in erster Linie um das Wissen, durch welche Anreize Mitarbeiter (besonders) motiviert werden kön-nen. Diese Motive bestimmen Richtung und Dauer des menschlichen Handelns. Motivationstheorien basieren auf einer Identifikation von menschlichen *Bedürf-nissen* und den Möglichkeiten ihrer Befriedigung.

Motive sind Beweggründe menschlichen Handelns. Sie lassen sich in der Organisationspsychologie in intrinsische und extrinsische Motive einteilen. **Intrinsische Motive** finden ihre Befriedigung in der Arbeit selbst. Sie können durch die Tätigkeit selbst befriedigt werden. Als intrinsische Motive können das Leistungs-, Kompetenz- oder Geselligkeitsmotiv genannt werden. Es han-delt sich dabei um Anreize, die jeweils individuell als wichtig erachtet werden, z. B. weil sie Freude bereiten oder persönliche Interessen befriedigen. Eine hohe intrinsische Motivation kann über einen langen (Lebens-)Zeitraum die Hand-lungen bestimmen.

Extrinsische Motive können nicht durch die Tätigkeit alleine, sondern durch externe Begleitumstände (z. B. durch die Folgen der Arbeit) befriedigt werden. Gehaltserhöhung, Belobigung, Beförderung oder Macht und Status sind Beispiele für extrinsische Motivatoren. Allerdings wirken extrinsische Motive nur zeitlich begrenzt als Quelle für den Antrieb.

Folgende motivationstheoretische Ansätze sollen hier vorgestellt werden:

* die Bedürfnispyramide von Maslow,
* die ERG-Theorie von Alderfer,
* die Zwei-Faktoren-Theorie von Herzberg und
* die Leistungsmotivationstheorie von McClelland.

3.2.1 Bedürfnispyramide von Maslow

Die Bedürfnispyramide nach Abraham Maslow (1943) zählt zu den bekanntesten – aber auch umstrittensten – Ansätzen der Motivationsforschung. Maslow geht davon aus, dass Menschen durch immanente, den tierischen Instinkten entsprechende

Bedürfnisse zu motivieren sind. Dabei unterscheidet er die Grundbedürfnisse des Menschen in Defizitbedürfnisse und in Wachstumsbedürfnisse. Die **Defizitbedürfnisse** werden noch weiter unterteilt, sodass fünf verschiedene Bedürfnisklassen entstehen, die hierarchisch angeordnet sind und in Form einer Pyramide dargestellt werden. Die Bedürfnisklassen eins bis vier umfassen physiologische Bedürfnisse, Sicherheitsbedürfnisse, soziale Bedürfnisse und Anerkennungsbedürfnisse. Ein Bedürfnis dieser vier Klassen tritt erst dann auf, wenn ein Defizit festgestellt wird. Die Bedürfnisklasse fünf dagegen kennzeichnet **Wachstumsbedürfnisse** und setzt sich ausschließlich aus Selbstverwirklichungsbedürfnissen zusammen. Hierbei handelt es sich um Bedürfnisse, die immer vorhanden sind und die sich während ihrer Befriedigung weiter vergrößern (vgl. Maslow 1970, S. 35 ff.).

Abb. 3.4 veranschaulicht die verschiedenen Bedürfnisklassen anhand einer Pyramide.

Nach Maslow muss die Bedürfnisbefriedigung von unten nach oben erfolgen, d. h. hierarchisch höhere Bedürfnisse werden erst aktiviert, wenn die darunterliegenden Bedürfnisse bereits erfüllt sind. Darüber hinaus wird das Modell auch in Beziehung zu den einzelnen Lebensphasen des Menschen gesetzt. So wird eine jüngere Person vorwiegend nach Befriedigung ökonomischer Bedürfnisse streben, während Personen in einem höheren Lebensalter sich eher selbstverwirklichen wollen.

Doch genau dieser Aspekt der Verallgemeinerung wird immer wieder als Kritikpunkt am Modell aufgeführt, denn es gibt durchaus Menschen, die eine

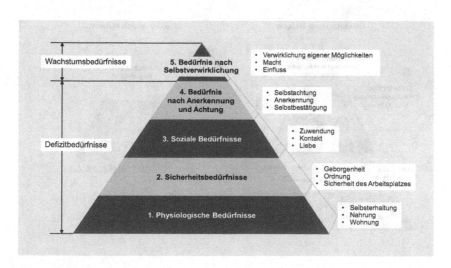

Abb. 3.4 Bedürfnispyramide nach Maslow

hohe Bedürfnisklasse erreicht haben, obwohl die hierarchisch niedrigeren Bedürfnisse noch nicht (vollständig) befriedigt sind (z. B. Künstler). Auch sind die Bedürfnisklassen nicht trennscharf voneinander abzugrenzen und die hierarchische Anordnung konnte bislang nicht empirisch nachgewiesen werden. Überhaupt ist ein stufenweises Vorgehen empirisch nicht nachweisbar, denn die Bedürfnisse und Motive aus mehreren Bedürfnisklassen können sehr wohl gleichzeitig das menschliche Handeln bestimmen (vgl. Bartscher et al. 2012, S. 76).

3.2.2 ERG-Theorie von Alderfer

Die ERG-Theorie (Akronym für *Existence, Relatedness, Growth*) wurde von Clayton P. Alderfer (1972) als Reaktion auf die Kritik an Maslows Bedürfnispyramide entwickelt. Um die Bedürfnisarten überschneidungsfrei definieren zu können, reduziert er die Bedürfnishierarchie speziell für *Mitarbeiter in Organisationen* auf folgende drei Klassen (siehe Abb. 3.5):

- **Existenzbedürfnisse** (engl. *Existence needs*) wie z. B. Sicherheit, Bezahlung, physiologische Bedürfnisse

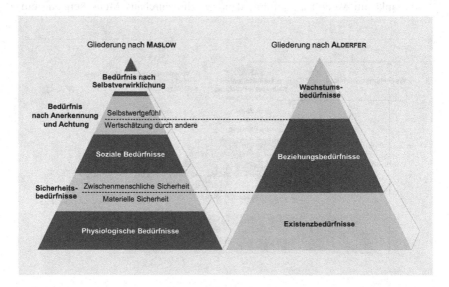

Abb. 3.5 Gliederung der Bedürfnisse nach Maslow und Alderfer. (Quelle: Jung 2006, S. 387)

- **Beziehungsbedürfnisse** (engl. *Related needs*) wie z. B. Kontakte, Achtung, Respekt, Wertschätzung
- **Wachstumsbedürfnisse** (engl. *Growth needs*) wie z. B. Entfaltung, Selbstverwirklichung, Selbständigkeit.

Ebenso wie Maslow geht auch Alderfer von einer hierarchischen Anordnung der Bedürfnisse aus, allerdings können diese grundsätzlich simultan aktiviert werden. Entsprechend können Menschen mehrere Bedürfnisse gleichzeitig verfolgen. Auf der Grundlage von empirischen Untersuchungen stellt Alderfer drei Thesen zur Motivation auf (vgl. Jung 2006, S. 388):

- **Frustrationsthese** (These 1): Nicht befriedigte Bedürfnisse bleiben dominant, d. h. je weniger bspw. Existenzbedürfnisse befriedigt werden, desto stärker werden diese (z. B. Hunger, Schlaf);
- **Frustrations-Regressionsthese** (These 2): Wird ein Bedürfnis nicht befriedigt, so wird ein hierarchisch niedrigeres Bedürfnis aktiviert und gesteigert. Beispiel: Je weniger Kontaktbedürfnisse befriedigt werden, desto stärker werden Existenzbedürfnisse (z. B.: Kummerspeck);
- **Befriedigungs-Progressionsthese** (These 3): Die Befriedigung eines Bedürfnisses aktiviert ein hierarchisch höheres Bedürfnis. Wird z. B. ein Wachstumsbedürfnis befriedigt, so wird ein weiteres Bedürfnis dieser Bedürfnisklasse verstärkt, d. h. der Mensch ist unersättlich.

Anhand dieser Thesen erkennt Alderfer sieben Zusammenhänge zwischen der Befriedigung eines Bedürfnisses und der Aktivierung des nächsten Bedürfnisses (siehe Abb. 3.6). In dieser Darstellung lässt sich sehr leicht erkennen, dass die Befriedigung eines Bedürfnisses zur Aktivierung eines nächsthöheren Bedürfnisses führt und dass die Nichtbefriedigung eine Verstärkung dieses Bedürfnisses bzw. die Aktivierung eines hierarchisch niedrigeren Bedürfnisses nach sich zieht.

Die ERG-Theorie entspricht den Anforderungen der empirischen Motivationsforschung deutlich besser als Maslows Bedürfnispyramide und ist somit auch eher geeignet, die menschlichen Bedürfnisse gerade im organisationalen Umfeld zu erklären. Trotz des größeren Informationsgehalts ist es Alderfers Theorie allerdings bis heute nicht gelungen, aus dem Schatten der Bedürfnispyramide Maslows herauszutreten.

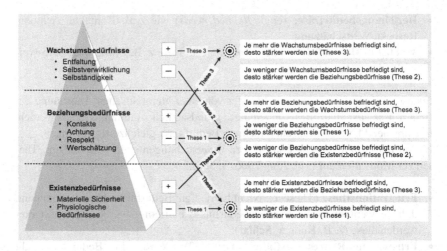

Abb. 3.6 ERG-Theorie nach Alderfer

3.2.3 Zwei-Faktoren-Theorie von Herzberg

In den 1950er und 1960er Jahren erforschte der US-amerikanische Arbeitswissenschaftler und Psychologe Frederick Herzberg (1959, 1966) Einflussfaktoren auf die Arbeitsmotivation. In verschiedenen empirischen Untersuchungen *(Pittsburgh-Studie)* fand er heraus, dass es im Wesentlichen zwei Faktorenbündel sind, welche die Zufriedenheit bzw. Unzufriedenheit von Mitarbeitern beeinflussen: *Hygienefaktoren* und *Motivatoren*.

Motivatoren sind Faktoren, die sich auf den *Inhalt* der Arbeit beziehen (intrinsisch). Zu den Inhaltsfaktoren gehören z. B. Verantwortung zu tragen, Anerkennung zu erwerben, befördert zu werden bzw. Karriere zu machen. Motivatoren können Zufriedenheit bei den Mitarbeitern erzeugen. Sind Motivatoren nicht vorhanden, so führt dies nicht zwangsläufig dazu, dass eine Person unzufrieden, sondern lediglich *nicht zufrieden* ist.

Hygienefaktoren beziehen sich auf das *Umfeld* der Arbeit (extrinsisch). Zu diesen Faktoren zählen die Unternehmenspolitik, die Beziehungen zu Führungskräften, die Arbeitsbedingungen, der Status und das Gehalt. Hygienefaktoren können Unzufriedenheit verhindern, jedoch keine Zufriedenheit erzeugen. Im Gegensatz zu den Motivatoren haben sie nach Herzberg also keinen Einfluss auf die Motivation der Mitarbeiter.

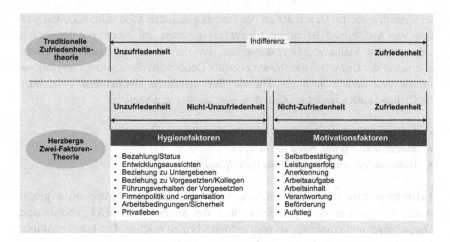

Abb. 3.7 Traditionelle Zufriedenheitstheorie vs. Herzbergs Zwei-Faktoren-Theorie. (Quelle: Jung 2006, S. 391)

Vergleicht man die Zwei-Faktoren-Theorie von Herzberg mit Maslows Bedürfnispyramide, so können die Hygienefaktoren als Grundbedürfnisse und die Motivatoren eher als Bedürfnisse „höherer Ordnung" angesehen werden. Herzberg betrachtet Zufriedenheit und Unzufriedenheit nicht – wie es das klassische Zufriedenheitskonzept vorsieht – als die beiden Enden eines Kontinuums, sondern vielmehr als zwei getrennte Phänomene (siehe Abb. 3.7). Danach müssen beide Ausprägungen vorhanden sein, um Zufriedenheit zu erleben. Arbeitszufriedenheit besteht also nicht zwangsläufig, wenn keine Gründe für Unzufriedenheit vorliegen (vgl. Jung 2006, S. 391).

Der wesentliche Beitrag der Zwei-Faktoren-Theorie liegt in der Überarbeitung des traditionellen Zufriedenheitskonzepts und dem damit einhergehenden Perspektivwechsel im Verständnis von Mitarbeitermotivation und -zufriedenheit. Kritiker der Theorie führen vornehmlich an, dass die Zuordnung einer Einflussgröße entweder als Hygienefaktor oder als Motivator von Merkmalen der Zielgruppe (wie Alter, Ausbildung, Beruf) abhängt und damit nicht allgemeingültig ist (vgl. Stock-Homburg 2013, S. 77 unter Bezugnahme auf Robbins 2001, S. 198).

3.2.4 Leistungsmotivationstheorie von McClelland

Der besondere Fokus der Leistungsmotivationstheorie von David McClelland (1961) ist darauf gerichtet, nicht alle Motive vollständig zu erfassen und zu beschreiben, sondern besonders *wichtige* Motive im Bereich der Arbeitsbeziehungen zu identifizieren. Im Gegensatz zu den bereits genannten Motivationstheorien werden von McClelland Bedürfnisse nicht als gegeben, im Sinne von angeboren, angenommen. Vielmehr geht er davon aus, dass der Mensch im Laufe seiner Interaktion mit der Umwelt Bedürfnisse „erlernt". Daher wird die Leistungsmotivationstheorie gelegentlich auch als **Theorie der gelernten Bedürfnisse** bezeichnet. McClelland unterscheidet im Kern drei zentrale Motivgruppen:

*   Leistungsmotive (engl. *Need for achievement*)
*   Machtmotive (engl. *Need for power*)
*   Beziehungsmotive (engl. *Need for affiliation*).

Leistungsmotive deren Untersuchung unter den drei Motivgruppen die größte Aufmerksamkeit erfahren hat, beschreiben das Streben nach Erfolg und danach, Dinge besser und effizienter als andere Menschen zu machen. Leistungsorientierte Personen bevorzugen Arbeitstätigkeiten und Bedingungen mit hoher Eigenverantwortung, direktem Einfluss auf das Arbeitsergebnis und schnellem Feedback. Sie wünschen Vergleichsmöglichkeiten mit anderen Personen und wählen Ziele, die anspruchsvoll, aber erreichbar sind. Menschen mit hoher Leistungsmotivation lehnen einfache Ziele ebenso ab, wie zu anspruchsvolle Ziele. Wenn diese Rahmenbedingungen erfüllt sind, sind Menschen mit hoher Leistungsmotivation optimal stimuliert. Daher treten solche Personen überproportional häufig als erfolgreiche selbständige Unternehmer auf (vgl. Winter 2002, S. 119 ff.).

Machtmotive entstehen aus dem Bedürfnis, Einfluss über andere zu gewinnen und in der Hierarchie aufzusteigen. Menschen mit hoher Machtmotivation befassen sich mehr mit Status und Prestige als mit der eigentlichen Arbeitsleistung. Sie orientieren sich an einflussreichen und mächtigen Personen in ihrem Umfeld und bevorzugen Arbeitsumgebungen mit Einfluss und Kontrolle über andere Menschen. Ausgeprägte Machtmotivation zeigt sich Studien zur Folge bei Managern in Konzernen (vgl. Winter 2002, S. 119 ff.).

Beziehungsmotive beschreiben das Bedürfnis nach freundschaftlichen und engen sozialen Beziehungen und Bindungen mit anderen Menschen. Personen mit hoher Beziehungsmotivation suchen kooperative Arbeitsbeziehungen, vermeiden starken Wettbewerb und wünschen ein gutes soziales Klima am Arbeitsplatz. Das Streben nach harmonischen Beziehungen vermindert – im Gegensatz zur Macht- bzw. Leistungsmotivation – den Erfolg von Führungskräften (vgl. Stock-Homburg 2013, S. 74).

Erst später – 1985 – hat McClelland noch die **Vermeidungsmotive** als vierte Motivgruppe hinzugefügt. Vermeidungsmotive kennzeichnen das Streben nach

Reduktion von Versagen, Misserfolg, Machtverlust und Ablehnung. Aus dem Zusammenspiel dieser – nunmehr vier – Motivgruppen lassen sich folgende **Verbundwirkungen** ausmachen (vgl. Scholz 2000, S. 887):

- **Leistungsstreben** und **Zugehörigkeitsstreben** mit Auswirkungen auf Gewissenhaftigkeit und Zielstrebigkeit
- **Machtstreben** und **Zugehörigkeitsstreben** stehen in einer inversen Beziehung zueinander
- **Leistungsstreben** und **Vermeidungsstreben** mit Auswirkungen auf den Schwierigkeitsgrad der anzugehenden Aufgaben.

Insgesamt liefert die Leistungsmotivationstheorie durchaus interessante und praktisch brauchbare Anhaltspunkte insbesondere bei der Auswahl geeigneter Bewerber sowie zur Erklärung des Handelns von Führungskräften.

Abb. 3.8 zeigt einen Vergleich der hier vorgestellten vier Motivationstheorien anhand ausgewählter Kriterien.

Kriterium	Maslow	Alderfer	Herzberg	Mcclelland
Ziel	Erklärung des menschlichen Verhaltens im Allgemeinen	Erklärung des menschlichen Verhaltens, Alternative zu Maslow darstellen	Arbeitszufriedenheit, Verhalten in Organisationen erklären	Identifikation individuell variierender Handlungsmotive im Arbeitsbereich
Anzahl und inhaltliche Ausrichtung der Bedürfniskategorien	• Fünf • Allgemein	• Drei • Allgemein	• Zwei • Konkret	• Drei • Konkret
Hierarchie der Bedürfnisse	Hierarchische Schichtung der Bedürfnisse	Ordnung der Bedürfnisse, keine strenge Hierarchie	Keine Angaben zur hierarchischen Schichtung der Bedürfnisse	Keine Angaben zur hierarchischen Schichtung der Bedürfnisse
Motivierende Wirkung von Bedürfnissen	Befriedigte Bedürfnisse haben keine motivierende Wirkung	Befriedigte Bedürfnisse können eine motivierende Wirkung haben	Nur Motivatoren können motivieren	Bedürfnisse werden erlernt
Erklärungsbeitrag der Theorie	Identifikation von Bedürfnissen, die durch Personalmanagementaktivitäten adressiert werden können	Motivation von Beschäftigten durch parallele Befriedigung unterschiedlicher Bedürfnisse	Identifikation von Personalmanagementaktivitäten zur Vermeidung von Unzufriedenheit und zur Steigerung der Zufriedenheit	Identifikation von Motiven erfolgreicher Führungskräfte
Bedürfnis-/Motivstruktur	Selbstverwirklichung Wertschätzung Soziale Bedürfnisse Sicherheitsbedürfnisse Physiolog. Bedürfnisse	Wachstumsbedürfnisse Beziehungsbedürfnisse Existenzbedürfnisse	Motivatoren Hygienefaktoren	Leistungsmotive Machtmotive Beziehungsmotive Vermeidungsmotive

Abb. 3.8 Vergleich wichtiger Motivationstheorien. (Quelle: Stock-Homburg 2013, S. 84 f. und Scholz 2000, S. 890 [jeweils modifiziert])

Führungsansätze und -theorien

4

Die praktische Bedeutung, wie *Führungserfolg* erklärt und wie gute Führung erreicht werden kann, lässt sich allein an der Vielzahl von jährlich erscheinenden Führungsratgebern ausmachen. Allerdings kann auch die Wissenschaft hierzu bislang keine generell gültige Führungstheorie und damit keine allgemein akzeptierte Sichtweise vorlegen. Es gibt weder *die* Führungskraft, noch *den* Führungsstil oder *die* Führungstheorie. Es – zumindest bis heute – nicht möglich, anhand eines Modells das Führungsverhalten allgemeingültig zu erklären.

Es lassen sich im Zeitablauf aber bestimmte Perspektiven in der Entwicklung von Führungstheorien erkennen, die Aussagen über die Bedeutung von Führungseigenschaften, Führungsverhaltensweisen und Führungssituationen im Hinblick auf den **Erfolg** von Führungskräften treffen. Kenntnisse über menschliche und zwischenmenschliche Prozesse sowie über die Mechanismen bestimmter Führungsansätze und -theorien erhöhen die Wahrscheinlichkeit, dass sich eine Führungskraft in einer bestimmten Situation richtig bzw. erfolgreich verhält. Solche Ansätze und Theorien aus verschiedenen Wissenschaften (vor allem der Psychologie und Soziologie) werden im Folgenden kurz vorgestellt.

Die Begriffe *Führungsansatz* und *Führungstheorie* werden in der Fachliteratur mit unterschiedlichen Bedeutungen belegt. Hier wird „Ansatz" als übergeordneter Begriff für Theorien und Modelle gewählt. Er beschreibt ein grundsätzliches Konzept, das den Theorien und Modellen innerhalb eines Ansatzes zugrunde liegt. Im Kern kann zwischen drei verschiedenen *Strömungen* der Personalführungsforschung entsprechend Abb. 4.1 unterschieden werden (vgl. Stock-Homburg 2013, S. 457 ff.):

© Springer Fachmedien Wiesbaden GmbH, ein Teil von Springer Nature 2019
D. Lippold, *Theoretische Ansätze der Personalwirtschaft*, essentials,
https://doi.org/10.1007/978-3-658-26089-7_4

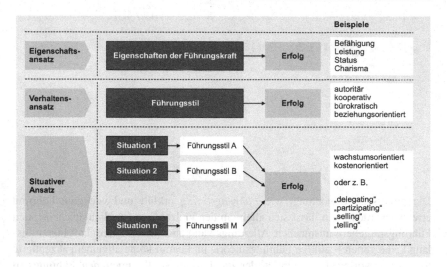

Abb. 4.1 Schema des Eigenschafts-, des Verhaltens- und des situativen Ansatzes. (Quelle: modifiziert nach Neuberger 2002)

- **Eigenschaftsorientierte Ansätze** (= Eigenschaftstheorien und -modelle der Führung),
- **Verhaltensorientierte Ansätze** (= Führungsstiltheorien und -modelle) und
- **Situative Ansätze** (= situative Führungstheorien und-modelle).

Eine weitere Unterteilung der verschiedenen Führungstheorien kann anhand der Anzahl der verwendeten *Kriterien* zur Beschreibung des Führungsverhaltens vorgenommen werden (vgl. Bröckermann 2007, S. 343 f.):

- **Eindimensionale Führungsansätze** normieren das Führungsverhalten lediglich nach einem Kriterium, dem Entscheidungsspielraum der Führungskraft.
- **Zweidimensionale Führungsansätze** basieren in der Mehrzahl auf den Kriterien Beziehungsorientierung und Aufgabenorientierung zur Beschreibung des Führungsverhaltens.
- **Mehrdimensionale Führungsansätze** verwenden mehr als zwei Kriterien zur Beschreibung von Führungsstilen.

Abb. 4.2 gibt einen Überblick über die gängigsten theoretisch-konzeptionellen Ansätze in der Personalführung, die im Folgenden kurz vorgestellt werden sollen.

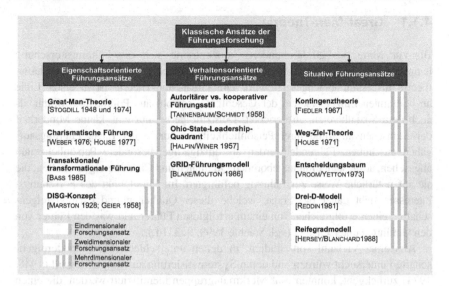

Abb. 4.2   Theoretisch-konzeptionelle Ansätze der Personalführung. (Eigene Darstellung)

4.1   Eigenschaftsorientierte Führungsansätze

Die Eigenschaftstheorie (engl. *Trait Theory*) ist der historisch älteste Erklärungs-ansatz der Führung. Er geht in seinem Grundkonzept davon aus, dass Führung und Führungserfolg maßgeblich von den Persönlichkeitseigenschaften der Führungs-kraft bestimmt werden. Es wird angenommen, dass effektiv Führende bestimmte Eigenschaften besitzen, um Einfluss auf die Handlungen der Geführten auszu-üben. Eigenschaften werden als zeitstabil und situationsunabhängig definiert, sie sollen klar feststellbar und messbar sein. Auch das Handeln der Führungsperson wird als Ergebnis dieser Persönlichkeitsmerkmale angesehen. Zu den wichtigsten Ansätzen der eigenschaftsorientierten Führungstheorie zählen:

- Great-Man-Theorie,
- Theorie der charismatischen Führung,
- Theorie der transformationalen/transaktionalen Führung und
- das DISG-Konzept.

4.1.1 Great-Man-Theorie

Bis zur Mitte des 20. Jahrhunderts konzentrierte sich die Führungsforschung hauptsächlich auf die Great-Man-Theorie, die vielfach auch mit der Eigenschaftstheorie insgesamt gleichgesetzt wird. Die Great-Man-Theorie ist in erster Linie an berühmten Einzelpersonen der Geschichte, sowohl aus Politik und Militär als auch dem Sozialbereich, ausgerichtet. Demzufolge sei nur eine kleine Minderheit der Menschen aufgrund ihrer Persönlichkeitsstruktur in der Lage, Führungsaufgaben auszuüben. Führende werden als einzigartige, besondere Persönlichkeiten angesehen, ausgestattet mit angeborenen Qualitäten und Charaktereigenschaften, die sie auf natürliche Weise zur Führung befähigten. Im Mittelpunkt des Forschungsinteresses steht daher die Frage, welche dieser Qualitäten und Charaktereigenschaften einen erfolgreichen von einem erfolglosen Führer und was den Führer von den Geführten unterscheidet (vgl. Staehle 1999, S. 331 f.).

Aus einer Vielzahl von Studien, in denen unterschiedliche Charaktereigenschaften untersucht wurden und deren Systematisierung auf Ralph Stogdill (1948, 1974) zurückgeht, konnten fünf Merkmalsgruppen identifiziert werden, die einen korrelativen Bezug zum Führungserfolg haben (vgl. von Rosenstiel 2003, S. 7 f.):

- **Befähigung** (Intelligenz, Wachsamkeit, verbale Gewandtheit, Originalität, Urteilskraft);
- **Leistung** (Schulische Leistung, Wissen, sportliche Leistung);
- **Verantwortlichkeit** (Zuverlässigkeit, Initiative, Ausdauer, Aggressivität, Selbstvertrauen, Wunsch, sich auszuzeichnen);
- **Partizipation** (Aktivität, Sozialibilität, Kooperationsbereitschaft, Anpassungsfähigkeit, Humor);
- **Status** (Sozioökonomische Position, Popularität).

Die Sichtweise, dass Führungserfolg lediglich auf die Persönlichkeitsmerkmale des Führers zurückzuführen ist, gilt heute als überholt. Doch trotz aller Kritik genießt dieser Ansatz immer noch große Popularität, da die Grundannahmen der Theorie dem „Elitedenken" vieler Manager entsprechen. Auch ist offensichtlich, dass die Person des Führenden eine sehr wichtige Variable im Führungsprozess darstellt.

4.1.2   Theorie der charismatischen Führung

Unter den eigenschaftsorientierten Führungsansätzen wird die Theorie der charismatischen Führung meist zuerst genannt. Sie geht von der Annahme aus, dass die Ausstrahlung einer Führungskraft in hohem Maße das Verhalten der geführten Mitarbeiter beeinflusst. Für Max Weber (1976) ist **Charisma** einer der Auslöser für Autorität. Charismatische Führung kann zu außerordentlicher Motivation und zu überdurchschnittlichen Leistungen der Geführten führen. Voraussetzung dafür ist, dass die Führungsperson von den Mitarbeitern als charismatisch erlebt wird (vgl. Stock-Homburg 2013, S. 459).

Folgende Indikatoren der charismatischen Führung können festgestellt werden (vgl. House 1977, S. 206 ff.):

* Aufseiten der Mitarbeiter: absolutes Vertrauen, Akzeptanz, Zuneigung, Folgsamkeit und Loyalität gegenüber der Führungskraft;
* Aufseiten der Führungskraft: ungewöhnlich ausgeprägte visionäre Kraft, starker Machtwille, Dominanz, Einflussstreben, hohes Selbstbewusstsein und Glaube an die eigenen Werte.

Allerdings sind mit der charismatischen Führung nicht nur Chancen, sondern auch Risiken verbunden. So unterbleibt häufig ein kritisches Hinterfragen der Vision und ihrer Implementation. Charismatische Persönlichkeiten sind in der Lage, fundamentale Veränderungen in Organisationen und Gesellschaften zu bewirken. Diese können zu außergewöhnlichen Erfolgen, aber auch zu Misserfolgen führen. Somit ist ein bewusster, reflektierender Umgang mit dem Phänomen *Charisma* erforderlich (vgl. Hauser 2000, S. 69).

4.1.3   Theorie der transaktionalen/transformationalen Führung

Dieser Forschungsansatz, der ebenfalls zu den eigenschaftsorientierten Führungstheorien zählt, unterscheidet im Kern zwischen zwei Aspekten der Führung: der transaktionalen und der transformationalen Führung. Der transaktionale Ansatz wurde in den 1980er Jahren schrittweise durch Forschungsarbeiten auf transformationaler Basis insbesondere von Bernard Bass (1985) ergänzt (vgl. Stock-Homburg 2013, S. 463).

Die Idee der *transaktionalen Führung* beruht auf zweiseitigen Nutzenkalkülen zwischen Führungsperson und Mitarbeitern. Führung wird dabei im Wesentlichen als Austauschprozess begriffen. Die Führungskraft hat ein spezifisches Bündel an Zielen, das sie für sich und das Unternehmen verfolgt. Die Aufgabe der Führungskraft besteht nun darin, den Mitarbeitern zu verdeutlichen, welche Leistungen von ihnen erwartet werden und welche Anreize diese im Gegenzug erhalten. Die transaktionale Führung erfolgt im Rahmen dieses Austauschprozesses nach dem Prinzip „Geben und Nehmen" (vgl. Scholz 2011, S. 391 und 403).

Die *transformationale Führung,* die eine starke Nähe zur Theorie der charismatischen Führung aufweist, zielt dagegen auf die Beeinflussung grundlegender Überzeugungen der Geführten ab. Durch charismatisches Verhalten, Inspiration, intellektuelle Stimulation und individuelle Wertschätzung wird der Mitarbeiter dazu gebracht, Dinge völlig neu zu sehen und zu tun, sein Anspruchsniveau und seine Einstellung zu verändern und sich ggf. für höhere Ziele einzusetzen. Die transformationale Führung trägt insbesondere bei Veränderungsprozessen dazu bei, Visionen in Unternehmen zu verankern und erfolgreich umzusetzen (vgl. Stock-Homburg 2013, S. 463 ff.).

Abb. 4.3 grenzt die transaktionale von der transformationalen Führung ab.

Merkmal	Facette der Führung	Transaktionale Führung	Transformationale Führung
Koordinations-mechanismen der Führung		• Verträge • Belohnung • Bestrafung	• Begeisterung • Zusammengehörigkeit • Vertrauen • Kreativität
Ziel der Mitarbeitermotivation		Äußere Anreize (extrinsisch)	Die Aufgabe selbst (intrinsisch)
Fokus der Zielerreichung		Eher kurzfristig	Mittel- bis langfristig
Zielinhalte		Materielle Ziele	Ideelle Ziele
Rolle der Führungsperson		Instrukteur	• Lehrer • Coach

Abb. 4.3 Abgrenzung zwischen transaktionaler und transformationaler Mitarbeiterführung. (Quelle: Stock-Homburg 2013, S. 464)

4.1.4 DISG-Konzept

Auf Grundlage der Überlegungen von William M. Marston (1928) entwickelte John Geier (1958) mit dem DISG®-Persönlichkeitsprofil ein Instrument, das sich im Personalmanagement und insbesondere bei der Führungskräftebewertung einer zunehmenden Beliebtheit erfreut (vgl. Gay 2006, S. 17 ff.). Das DISG-Konzept zeigt persönlichkeitsbedingte Verhaltensweisen erfolgreicher Führungspersonen auf und zählt damit ebenfalls zu den eigenschaftsorientierten Führungstheorien. Dabei wird angenommen, dass die Verhaltenstendenzen einer Führungskraft durch seine Persönlichkeitsstruktur bestimmt werden. Die Persönlichkeitsstruktur (→ Persönlichkeitsprofil) wiederum hängt davon ab, welche Anteile eine Führungskraft an den vier Persönlichkeitsmerkmalen

- **D**ominanz,
- **I**nitiative,
- **S**tetigkeit und
- **G**ewissenhaftigkeit

aufweist. Die Verhaltenstendenzen selbst werden festgemacht an den beiden Faktoren

- *Wahrnehmung des Umfeldes,* d. h. inwieweit eine Führungsperson die situativen Rahmenbedingungen als angenehm bzw. anstrengend (stressig) empfindet und
- *Reaktion auf das Umfeld,* d. h. inwieweit eine Führungskraft situative Herausforderungen eher bestimmt (aktiv) oder eher zurückhaltend (passiv) annehmen (vgl. Gay 2006, S. 18 f.).

Damit sind zugleich auch die vier Quadranten des DISG®-Konzeptes beschrieben (siehe Abb. 4.4).

Jedes der vier Persönlichkeitsmerkmale verfügt über Stärken und Schwächen in Bezug auf das Führungsverhalten (vgl. Stock-Homburg 2013, S. 473 ff.):

- Das Merkmal **Dominanz** zeichnet eine Führungsperson mit hoher Entschlossenheit, Zielorientierung und Aktivität aus. Andererseits haben solche Führungskräfte ein hohes Maß an Ungeduld und nur eine geringe Bereitschaft und Fähigkeit zum Zuhören.

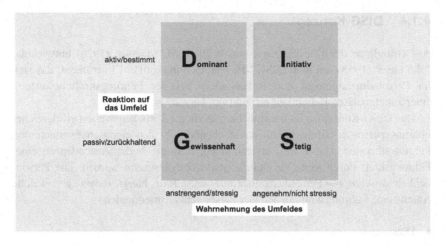

Abb. 4.4 Die vier Quadranten des DISG®-Konzeptes. (Quelle: Stock-Homburg 2013, S. 472)

- Eine hohe Ausprägung des Merkmals **Initiative** charakterisiert eine Führungskraft mit positiver Umfeldwahrnehmung, die ihre Mitarbeiter begeistert und sich für sie einsetzt. Auf der anderen Seite konzentrieren sich solche Führungskräfte ungern auf Fakten und Details.
- Führungskräfte mit einer hohen Ausprägung des Merkmals **Stetigkeit** haben ein hohes Sicherheitsbedürfnis, eine hohe Loyalität zum Unternehmen und eine ruhige und freundliche Ausstrahlung. Anderseits werden solche Führungspersonen ungern initiativ und haben nur eine geringe Konfliktbereitschaft.
- Das Merkmal **Gewissenhaftigkeit** charakterisiert Führungskräfte, die gründlich und ausdauernd sind sowie Daten mit hoher Präzision analysieren. Auf der anderen Seite haben solche Führungspersonen nur eine begrenzte Fähigkeit zur Improvisation und eine geringe Umsetzungsgeschwindigkeit aufgrund der Neigung zum Perfektionismus.

Die Anwendung des DISG®-Konzepts als Testverfahren im Rahmen der Führungskräftebewertung erfolgt in der Regel durch Selbsteinschätzung der betroffenen Führungsperson. Dabei wird diese gebeten, sich selbst in einer vorgegebenen Situation anhand einer Reihe von kurzen Aussagen einzuschätzen. Anschließend werden die Aussagen anhand eines Lösungsschemas ausgewertet, wobei jede Aussage einem Buchstaben (D, I, S bzw. G) zugeordnet wird.

Stock-Homburg (2013, S. 482) betont zwar, dass das primär in der Unternehmenspraxis angewendete DISG® Persönlichkeits-Profil auf empirischer Basis mehrfach auf Validität und Reliabilität überprüft und die grundlegenden Dimensionen des Profils bestätigt wurden. Auf der anderen Seite werden Bedenken dahingehend geäußert, dass das äußerst komplexe Phänomen „Persönlichkeit" auf vier Dimensionen reduziert und somit das Denken in „Schubladen" gefördert wird (vgl. Myers 2010, S. 554 ff.).

4.2   Verhaltensorientierte Führungsansätze

Verhaltensorientierte Führungsansätze werden auch als Führungsstilkonzepte bezeichnet. Führungsstile als regelmäßig wiederkehrende Muster des Führungsverhaltens können häufig nur anhand mehrerer Merkmale beschrieben werden. Zu diesen Beschreibungsmerkmalen zählen die von einer Führungskraft wahrgenommene Bedeutung der Zielerreichung, die Art der Willensbildung, die Beziehungen in der Gruppe der Geführten, die Form der Kontrolle, die Art der Sanktionierung und die Einstellung und Fürsorge einer Führungsperson gegenüber den Mitarbeitern. Die Führungsstilforschung versucht nun, dass hierin begründete Komplexitätsproblem durch die Bildung von Führungsstiltypen zu vereinfachen (vgl. Macharzina und Wolf 2010, S. 580 unter Bezugnahme auf Baumgarten 1977, S. 27).

Unter den verschiedenen Führungsstilkonzepten sollen hier

- das autoritäre vs. kooperative Führungsstil-Konzept,
- der Ohio-State-Leadership-Quadrant und
- das Verhaltensgitter-Modell

vorgestellt werden.

4.2.1   Autoritärer vs. kooperativer Führungsstil

Diese Führungsstil-Klassifikation, die von Robert Tannenbaum und Warren Schmidt (1958) entwickelt wurde, zählt zu den verhaltensorientierten Forschungsansätzen. Autoritärer und kooperativer Führungsstil werden als Extrempunkte eines eindimensionalen Kontinuums betrachtet (siehe Abb. 4.5).

Das **autoritäre Verhalten** ist dadurch gekennzeichnet, dass die Führungskraft den Mitarbeitern die Aufgaben zuweist, dass sie die Art der Aufgabenerfüllung

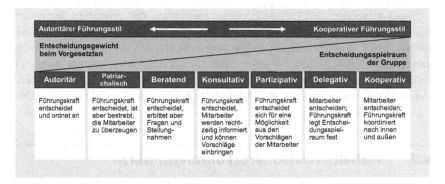

Abb. 4.5 Eindimensionale Klassifikation von Führungsstilen. (Quelle: Tannenbaum und Schmidt 1958, S. 96)

vorschreibt und dass sie den Mitarbeitern keine persönliche Wertschätzung entgegenbringt (vgl. Steinmann und Schreyögg 2005, S. 653).

Das **kooperative Verhalten** der Führungskraft dagegen gestattet den Mitarbeitern, ihre Arbeitsaufgaben selbst zu verteilen sowie Aufgabe und Zielsetzung in der Gruppe zu diskutieren. Die Führungskraft bringt allen Mitgliedern der Gruppe eine hohe Wertschätzung entgegen und sich selbst aktiv in das Gruppenleben ein (vgl. Steinmann und Schreyögg 2005, S. 653).

Nach Auffassung von Tannenbaum und Schmidt ist grundsätzlich keiner der sieben Führungsstile zu bevorzugen. Je nach Konstellation der Führungssituation ist ein unterschiedlicher Führungsstil erforderlich. Um erfolgreich zu führen, muss die Führungskraft die verschiedenen Einflussfaktoren richtig einschätzen und in der Lage sein, sein Führungsverhalten den jeweiligen Gegebenheiten anzupassen. Wesentlicher Kritikpunkt an diesem Modell ist, dass nur ein Verhaltensmerkmal der Führung, nämlich die Entscheidungspartizipation, berücksichtigt wird (vgl. Jung 2006, S. 424).

4.2.2 Ohio-State-Leadership-Quadrant

Die Erkenntnisse der Ohio-Studien sind in hohem Maße prägend für die Führungsstilforschung. Das Forscherteam der Ohio-State-University um Andrew Halpin und Ben Winer (1957) identifizierte zwei unabhängige *Grunddimensionen* des Führungsverhaltens:

- Leistungs- bzw. Aufgabenorientierung *(Initiating Structure)* und
- Mitarbeiter- bzw. Beziehungsorientierung *(Consideration)*.

Der wesentliche Unterschied zu den traditionellen Führungsstiltheorien liegt in einer Abkehr von der Annahme des eindimensionalen Führungsstilkontinuums. Leistungs- bzw. Aufgabenorientierung und Mitarbeiter- bzw. Beziehungsorientierung werden nicht mehr als sich gegenseitig ausschließend betrachtet, sondern als zwei unabhängige Faktoren, die kombinierbar sind und gemeinsam zur Beschreibung von Führungsverhalten dienen. Eine Führungsperson kann demnach gleichzeitig eine hohe Beziehungsorientierung und eine hohe Aufgabenorientierung aufweisen (vgl. Hungenberg und Wulf 2011, S. 369).

Die Verhaltensdimension *Leistungs- bzw. Aufgabenorientierung* bezieht sich auf die *sachliche* Ebene der Führung. Sie kennzeichnet beispielsweise das Setzen und Kommunizieren klarer Ziele, die Definition und Abgrenzung von Kompetenzen, die sorgfältige Planung der wichtigsten Aufgaben, Ergebniskontrollen oder das Setzen von externen Leistungsanreizen.

Die Verhaltensdimension *Mitarbeiter- bzw. Beziehungsorientierung* betont dagegen die *zwischenmenschliche* Beziehung. Sie charakterisiert den persönlichen Respekt, die Wertschätzung gegenüber dem Mitarbeiter und die Rücksichtnahme auf die Belange der Mitarbeiter.

Legt man die beiden Dimensionen des Führungsverhaltens zugrunde, so lassen sich in Form des Ohio-State-Quadranten vier grundlegende Führungsstile identifizieren (siehe Abb. 4.6).

4.2.3   Verhaltensgitter-Modell

Das Verhaltensgitter-Modell (auch als *Managerial Grid* bezeichnet), das 1960 von Robert Blake und Jane Mouton im Rahmen eines Führungstrainings für Exxon entwickelt wurde, baut unmittelbar auf den Erkenntnissen der Ohio-Studien auf. Es arbeitet ebenfalls mit den beiden Dimensionen *Aufgabenorientierung* und *Beziehungsorientierung,* wobei diese mit ihren unterschiedlichen Ausprägungen in einem *Verhaltensgitter* auf zwei Achsen erfasst werden. Die eine Achse beschreibt das Bemühen um den Mitarbeiter (Mitarbeiterorientierung als sozio-emotionale Orientierung), die andere Achse zeigt das Interesse an der Aufgabe auf (Aufgabenorientierung als sach-rationale Orientierung).

Der prinzipielle Unterschied zum Ohio-Modell besteht darin, dass Blake und Mouton die beiden Dimensionen nicht in zwei, sondern in neun Stufen einteilen. Somit lassen sich theoretisch 81 verschiedenen Führungsstile abbilden. Blake und

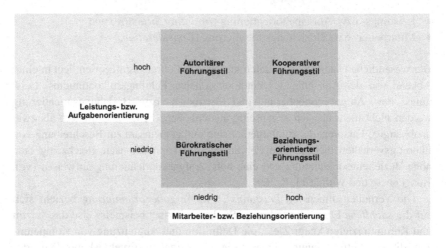

Abb. 4.6 Führungsstile des Ohio-State-Quadranten. (Eigene Darstellung)

Mouton konzentrieren sich jedoch auf fünf zentrale Führungsstile: 1.1, 1.9, 5.5, 9.1 und 9.9 (vgl. Blake und Mouton 1964, S. 14 ff.).

Abb. 4.7 zeigt eine vereinfachte Darstellung dieses Verhaltensgitters.

Blake und Mouton bewerten den Führungsstil 9.1 als nicht sinnvoll, den Führungsstil 5.5 als unpraktisch, den Führungsstil 1.9 als idealistisch und den Führungsstil 1.1 als unmöglich. Erstrebenswert ist ihrer Ansicht nach ausschließlich der Führungsstil 9.9. Die Vorteilhaftigkeit dieses Führungsstils konnte allerdings empirisch nicht nachgewiesen werden.

Wenn auch das Verhaltensgitter auf anschauliche Weise das breite Spektrum von möglichen Führungsverhaltensweisen darstellt, so ist doch die Frage zu stellen, ob der Führungsstil 9,9 überhaupt praktizierbar ist. So lässt sich eher die These vertreten, dass erfolgreiche Personalführung durch einen Führungsstil gekennzeichnet ist, der rechts der Diagonale zwischen den Führungsstilen 1.9 und 9.1 liegt. Ebenso ist grundsätzlich zu fragen, ob zweidimensionale Erklärungsansätze überhaupt in der Lage sind, die Komplexität von Führungsprozessen abzubilden, ohne die situativen Rahmenbedingungen, also die Abhängigkeit von bestimmten Führungssituationen zu berücksichtigen (vgl. Steinmann und Schreyögg 2005, S. 662 f.; Hungenberg und Wulff 2011, S. 371).

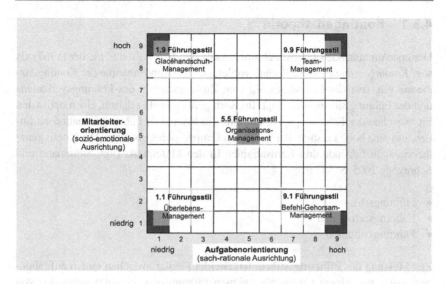

Abb. 4.7 Das Verhaltensgitter (GRID-System). (Quelle: Blake und Mouton 1972, S. 14)

4.3 Situative Führungsansätze

Die Situationstheorie der Personalführung geht davon aus, dass die Vorteilhaftigkeit des Führungsverhaltens von den jeweiligen situativen Umständen abhängt. Daher – so die Situationstheorie – setzt eine erfolgreiche Personalführung auch immer eine Analyse des Handlungskontexts voraus. Die verschiedenen situativen Ansätze unterscheiden sich nun im Wesentlichen dadurch, welche Faktoren („Situationsvariablen") bei der Gestaltung des Führungsverhaltens zu berücksichtigen sind (vgl. Macharzina und Wolf 2010, S. 578 f.).

Folgende Ansätze sollen hier kurz vorgestellt werden:

- die Kontingenztheorie,
- die Weg-Ziel-Theorie,
- der Entscheidungsbaum,
- das Drei-D-Modell und
- das situative Reifegradmodell.

4.3.1 Kontingenztheorie

Der erste umfassende situative Führungsansatz wurde von Fred F. Fiedler (1967) als sog. *Kontingenztheorie der Führung* vorgelegt. Als Grundannahme der Kontingenztheorie gilt, dass der Führungserfolg vom Zusammenspiel des Führungsverhaltens und der Führungssituation abhängt. Im Kern geht es Fiedler darum, einen optimalen Fit zwischen der Führungsperson und ihrer individuellen Führungssituation zu finden, um eine hohe Leistung der geführten Gruppe sicherzustellen. Die Kontingenztheorie stellt folgende drei Kernvariablen in den Mittelpunkt (vgl. Steinmann und Schreyögg 2005, S. 667 ff.):

- Führungsstil,
- Führungserfolg und
- Führungssituation.

Zur Messung des **Führungsstils** unterscheidet Fiedler zwischen einem aufgabenbezogenen und einem personenbezogenen Führungsstil. Er nutzt dabei den von ihm entwickelten LPC-Wert *(LPC = Least Preffered Coworker)*, der mit Hilfe eines Fragebogens ermittelt wird. Der Fragebogen, der von den Führungskräften ausgefüllt wird, enthält 16 bipolare Paare von Adjektiven (z. B. das Gegensatzpaar „freundlich – unfreundlich"). Der LPC-Wert ergibt sich dann aus der Summe der Einzelbewertungen. Ein hoher LPC-Wert besagt, dass die betreffende Führungskraft den am wenigsten geschätzten Mitarbeiter noch relativ wohlwollend beurteilt. Eine solch positive Beurteilung gilt als Indikator für einen personenbezogenen Führungsstil. Ein niedriger LPC-Wert, also eine durchgehend negative Bewertung des am wenigsten geschätzten Mitarbeiters, wird als aufgabenorientierter Führungsstil gewertet.

Untersucht man die beiden mittels LPC-Wert gemessenen Führungsstile auf ihre Erfolgsrelevanz, so ergibt sich nach Fiedler als zweite Kernvariable der **Führungserfolg**. Als Führungserfolg wird die Effektivität der Führung in Bezug auf die Leistungen bzw. Produktivität der geführten Mitarbeiter und deren Zufriedenheit angesehen.

Zur Operationalisierung der **Führungssituation** führt Fiedler das Konstrukt *„situationale Günstigkeit"* mit folgenden drei Variablen an:

- **Positionsmacht** (mit den beiden Ausprägungen „stark" und „schwach"), d. h. inwieweit die Führungskraft aufgrund ihrer hierarchischen Position im Unternehmen in der Lage ist, die von ihm geführten Mitarbeiter zu beeinflussen;

- **Aufgabenstruktur** (mit den beiden Ausprägungen „hoch" und „niedrig"), d. h. je höher der Strukturierungsgrad der Aufgabe ist, umso leichter und einfacher lassen sich die Aktivitäten der geführten Mitarbeiter koordinieren und kontrollieren;
- **Beziehung zwischen Führungskraft und geführten Mitarbeitern** (mit den beiden Ausprägungen „gut" und „schlecht"), d. h. je besser das Verhältnis zwischen der Führungsperson und seinen Mitarbeitern auf zwischenmenschlicher Ebene ist, desto leichter ist tendenziell die Führungssituation.

Da alle drei Variablen jeweils zwei Ausprägungen besitzen, ergeben sich aus deren Kombination insgesamt acht mögliche Führungssituationen. Die so ermittelten Führungssituationen lassen sich nun danach systematisieren, inwieweit sie die Aktivitäten einer Führungskraft begünstigen. Fiedler selbst bezeichnet seinen Ansatz als *„Kontingenztheorie der Führungseffektivität"*, weil er die Effekte verschiedener Führungsstile abhängig *(= kontingent)* von den drei situativen Variablen macht (vgl. Neuberger 2002, S. 498).

Abb. 4.8 veranschaulicht das Zusammenwirken von Führungsstil, Führungserfolg und Führungssituation nach der Kontingenztheorie.

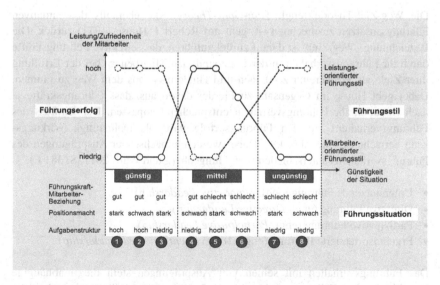

Abb. 4.8 Zusammenwirken von Führungsstil, Führungserfolg und Führungssituation nach der Kontingenztheorie von Fiedler. (Quelle: Fiedler et al. 1979, S. 16 [geglättete Fassung])

Der wesentliche Unterschied zu den Annahmen des Ohio-Modells (und damit auch des Verhaltensgitter-Modells) liegt darin, dass in verschiedenen Führungssituationen durchaus unterschiedliche Führungsstile geeignet sind. So sind nach den Annahmen von Fiedler Führungspersonen in besonders günstigen oder in besonders ungünstigen Situationen mit einem leistungsorientierten Führungsstil erfolgreicher als mit einem mitarbeiterbezogenen Führungsstil. Dagegen erweist sich der mitarbeiterorientierte Führungsstil in Situationen mit mittlerer Günstigkeit als besonders geeignet (vgl. Stock-Homburg 2013, S. 495).

Diese „intuitive Plausibilität" von Fiedlers Ergebnissen konnte allerdings empirisch nicht bestätigt werden. Neben den Messproblemen werden als weitere Schwächen genannt: der sehr einseitige und eindimensionale LPC-Wert, die selektive (und damit unvollständige) Auswahl der Situationsvariablen und die mangelnde Berücksichtigung des Einflusses des Führungsstils auf die Führungssituation (vgl. Hungenberg und Wulff 2011, S. 376 f.).

Gleichwohl kommt Fiedler das Verdienst zu, eine Grundlage für alle weiteren situativen Führungstheorien gelegt zu haben.

4.3.2   Weg-Ziel-Theorie

Die Weg-Ziel-Theorie (engl. *Path-Goal-Theory*), die ebenfalls den situativen Führungsansätzen zuzurechnen ist, geht auf Robert J. House (1971) zurück. Die Bezeichnung „Weg-Ziel" ist darauf zurückzuführen, dass effektive Führungskräfte durch ihr Führungsverhalten in der Lage sind, den Mitarbeitern bei der Erfüllung ihrer Ziele als Wegbereiter zu dienen und Hindernisse aus dem Weg zu räumen. Dabei geht House im Gegensatz zu Fiedler davon aus, dass Führungskräfte je nach Situation ihr Führungsverhalten entsprechend anpassen. Der Einfluss des Führungsverhaltens auf den Führungserfolg wird als mehrstufige Wirkungskette betrachtet (siehe Abb. 4.9). Dabei werden zunächst vier Ausprägungen des Führungsverhaltens unterschieden (vgl. Hungenberg und Wulff 2011, S. 381 f.):

- Unterstützende Führung (engl. *Supportive Leadership*)
- Direktive Führung (engl. *Directive Leadership*)
- Partizipative Führung (engl. *Participative Leadership*)
- Ergebnisorientierte Führung (engl. *Achievement-oriented Leadership*).

Das Führungsverhalten mit seinen vier Ausprägungen stellt die unabhängige Variable dar. Der Führungserfolg (also die Leistungen und die Zufriedenheit der

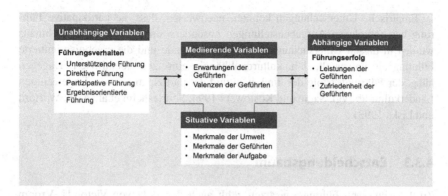

Abb. 4.9 Wirkungskette der Weg-Ziel-Theorie. (Quelle: Stock und Homburg 2013, S. 497 unter Bezugnahme auf Yukl 1994, S. 286)

Mitarbeiter) als Zielgröße der Weg-Ziel-Theorie ist die abhängige Variable. Der Zusammenhang zwischen Führungsverhalten und Führungserfolg wird zusätzlich durch die Erwartungen und die Valenzen (d. h. Wertigkeit der Zielerfüllung) der geführten Mitarbeiter bestimmt.

Für House ist es nun bedeutsam, dass die Führungskraft ihr Verhalten auf die jeweilige Führungssituation, in der geführt wird, ausrichtet. Solche Führungssituationen können in der Weg-Ziel-Theorie durch Merkmale der Umwelt, Merkmale der Geführten und Merkmale der Aufgabe selbst beeinflusst werden. Konkrete Ausprägungen dieser situativen Variablen können sein (vgl. Stock und Homburg 2008, S. 420 f.):

- Mangelndes Selbstvertrauen der Mitarbeiter
- Geringe Eindeutigkeit der Aufgaben
- Geringer Grad der Herausforderung durch die Aufgabe
- Ungerechte Belohnungen.

Für jede dieser Situationen gibt House Empfehlungen für die optimale Führung. So empfiehlt er bspw. bei einer geringen Eindeutigkeit der Aufgabe die direktive Führung, bei der die Erwartungen klar definiert und die Zuständigkeiten eindeutig geregelt werden. Erfolgreiche Führung im Sinne der Weg-Ziel-Theorie setzt also voraus, dass Führungskräfte die Situation und die Rahmenbedingungen analysieren, um das richtige Führungsverhalten danach auszurichten (vgl. Stock und Homburg 2008, S. 420 ff.).

Empirische Untersuchungen konnten nachweisen, dass die partizipative Führung bei komplexen Aufgabenstellungen besonders sinnvoll ist. Darüber hinaus wurden in diesen Untersuchungen die unterstützende und die ergebnisorientierte Führung als universell, d. h. kulturunabhängig einsetzbar identifiziert. Dagegen hängt der Führungserfolg der direktiven und der partizipativen von der jeweiligen Länderkultur ab (vgl. Sagie und Koslowski 1994; Schriesheim et al. 2006; Wofford und Liska 1993).

4.3.3 Entscheidungsbaum

Zu den situativen Führungsansätzen zählt auch der 1973 von Victor H. Vroom und Philip W. Yetton vorgelegte Entscheidungsbaum. Er unterscheidet sich von den meisten anderen theoretischen Ansätzen durch einen stärkeren Anwendungsbezug, da er sich die Schlüsselaktivität einer Führungskraft – nämlich das Entscheidungsverhalten zum Ausgangspunkt nimmt. Das Ergebnis des Ansatzes ist eine Entscheidungslogik, mit deren Hilfe die Führungsperson die gegebene Führungssituation strukturieren und auf dieser Basis den geeigneten Führungsstil bestimmen kann.

Abb. 4.10 fasst die Merkmale und zugehörigen Filterfragen zur Identifikation der Führungssituation zusammen. Mithilfe der sieben Filterfragen, die in den Entscheidungsbaum eingearbeitet werden, kann die Führungsperson ein Profil seiner Entscheidungssituation erstellen.

Situation	Situationsmerkmal	Filterfrage
A	Qualitätsanforderung	Ist die Qualität der Lösung von besonderer Bedeutung?
B	Informationsstand	Besitzt die Führungskraft alle relevanten Informationen?
C	Strukturiertheit des Problems	Ist das Problem strukturiert?
D	Mitarbeiterakzeptanz	Ist die Akzeptanz der Mitarbeiter wichtig für die Durchsetzung?
E	Einstellung der Mitarbeiter zu autoritärer Führung	Würde eine Alleinentscheidung der Führungskraft von den Mitarbeitern akzeptiert?
F	Akzeptanz der Organisationsziele durch die Mitarbeiter	Teilen die Mitarbeiter die Organisationsziele, die mit der Problemlösung erreicht werden sollen?
G	Gruppenkonformität	Wird es bei der Einigung über die vorzuziehende Lösung unter den Mitarbeitern zu Konflikten kommen?

Abb. 4.10 Merkmale und Filterfragen zur Identifikation der Führungssituation nach Vroom und Yetton. (Quelle: Jago 1995, S. 1063)

Den praxisrelevanten Situationsprofilen werden sodann folgende fünf Führungsstile zugeordnet:

- AI: Führungskraft entscheidet allein und gibt Anweisungen (→ Führungsstil
  „Autokratisch I").
- AII: Führungskraft holt zusätzliche Informationen bei den Mitarbeitern ein
  und entscheidet dann allein (→ Führungsstil „Autokratisch II").
- BI: Führungskraft bespricht sich getrennt mit den einzelnen Mitarbeitern und
  fällt dann die Entscheidung (→ Führungsstil „Consultativ I").
- BII: Führungskraft bespricht das Entscheidungsproblem in der Gruppe und
  fällt dann eine Entscheidung (→ Führungsstil „Consultativ II").
- GII: Führungskraft präsentiert das Entscheidungsproblem der Gruppe, die das
  Problem diskutiert und anschließend gemeinsam entscheidet (→ Führungsstil
  „Demokratisch II").

Abb. 4.11 gibt einen Überblick über den Entscheidungsbaum mit den Beziehungen
zwischen Situationsprofilen und Führungsstilen.

Da sich die fünf Führungsstile nur durch das Maß der Mitarbeiterpartizipation
an den Entscheidungen unterscheiden, ist der Entscheidungsbaum von Vroom

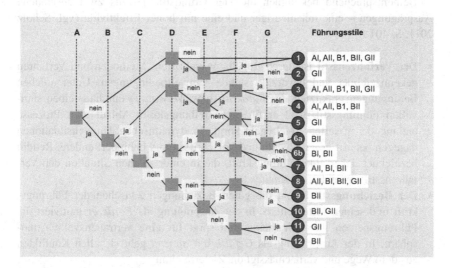

Abb. 4.11 Entscheidungsbaum nach Vroom und Yetton. (Quelle: in Anlehnung an Jago
1995, S. 1063)

und Yetton den eindimensionalen Führungstheorien zuzuordnen. Neben der Eindimensionalität des Führungsstils wird auch die „mechanistische" Anlage und der damit verbundene ständige Wechsel zwischen den Führungsstilformen kritisiert (vgl. Jung 2006, S. 440 f.).

4.3.4 Drei-D-Modell

Das sog. Drei-D-Modell wurde von William Reddin (1981) entwickelt und ist ebenfalls den situativen Führungsansätzen zuzuordnen. Das Modell geht von den Dimensionen *Aufgabenorientierung* und *Beziehungsorientierung* und den daraus in der Ohio-Studie abgeleiteten vier Grundführungsstilen aus: Verfahrens-, Beziehungs-, Integrations- und Aufgabenstil. Reddin ist der Ansicht, dass alle vier Grundstile je nach Situation effizient und erfolgreich sein können. Führungserfolg ist vor allem dann zu erwarten, wenn Führungssituation und Führungsverhalten übereinstimmen. Es ist also die Aufgabe der Führungsperson, zunächst die konkrete Führungssituation zu analysieren und daraufhin den geeigneten Führungsstil zu wählen. Um diese Überlegung deutlich zu machen, führt Reddin eine dritte Dimension, die *Effektivität* ein.

In Abb. 4.12 sind die drei Dimensionen des Modells dargestellt.

Dementsprechend bekommen die vier Grundstile jeweils zwei zusätzliche Ausprägungen – eine mit niedriger und eine mit hoher Effektivität (vgl. Scholz 2011, S. 401 f.):

- Der **Verfahrensstil** ist durch Regeln, Vorschriften, Methoden und Verfahren gekennzeichnet und bevorzugt stabile Umweltbedingungen. Unter solchen Bedingungen praktiziert der *Bürokrat* (bzw. *Verwalter*) durchaus einen sinnvollen Führungsstil, weil er für einen reibungslosen Ablauf aller Prozesse entlang der fixierten Spielregeln sorgt. In dynamischen Umweltsituationen dagegen beharrt er auf Regeln und Vorschriften und behindert andere. Reddin bezeichnet daher eine Führungskraft, die in einer solchen Situation den Verfahrensstil anwendet, als *Kneifer*.
- Der **Beziehungsstil** betont die guten Beziehungen zwischen der Führungskraft und seinen Mitarbeitern. In der Ausprägung als *Förderer* motiviert die Führungsperson ihre Mitarbeiter und sorgt für eine vertrauensvolle Atmosphäre. In der Ausprägung als *Gefälligkeitsapostel* geht sie allen Konflikten aus dem Wege und vernachlässigt die Zielerreichung.

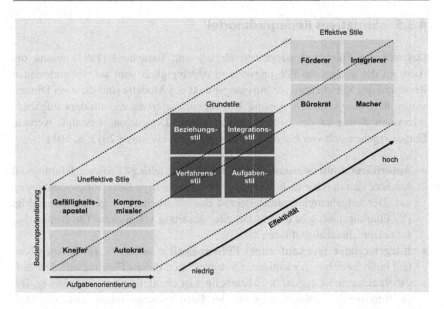

Abb. 4.12 Die drei Dimensionen des Führungsmodells nach Reddin. (Quelle: Reddin 1981)

- Beim **Aufgabenstil** stehen Leistung und das erreichte Ergebnis im Vordergrund. In der Ausprägung als *Macher* führt die Führungskraft ihre Mitarbeiter durch Erfahrung, Wissen und Initiative. Als *Autokrat* beharrt sie dagegen auf ihre Amtsautorität und überfordert die Mitarbeiter mit allzu ehrgeizigen Zielvorstellungen.
- Der **Integrationsstil** strebt nach einem ausgewogenen Verhältnis der Beziehungs- und der Aufgabenkomponente. In der Ausprägung als *Integrierer* entscheidet und führt die Führungskraft kooperativ, motiviert und fördert ihre Mitarbeiter zielorientiert. Als *Kompromissler* dagegen möchte es die Führungsperson allen recht machen, sodass die Bearbeitungszeit steigt und die Mitarbeitermotivation sinkt.

Das Drei-D-Modell von Reddin verlangt von den Führungskräften, alle vier Führungsstile je nach gegebener Situation anzuwenden. Diese hohe Führungsstilflexibilität setzt ein gezieltes Training voraus.

4.3.5   Situatives Reifegradmodell

Das situative Führungskonzept von Hersey und Blanchard (1981) nimmt die Auswahl des geeigneten Führungsstils in Abhängigkeit vom aufgabenrelevanten Reifegrad des Mitarbeiters vor. Ausgangspunkt des Modells sind die zwei Dimensionen *Beziehungsorientierung* und *Aufgabenorientierung,* die mit dem aufgabenrelevanten *Reifegrad* des Mitarbeiters als dritte Dimension verknüpft werden. Daraus ergeben sich vier Führungsstile (vgl. Stock-Homburg 2013, S. 501):

- **Autoritärer (unterweisender) Führungsstil** *(„telling").* Dieser Führungsstil zeichnet sich durch eine hohe Aufgaben- und niedrige Beziehungsorientierung aus. Der aufgabenrelevante Reifegrad des Mitarbeiters ist gering bis niedrig. Die Führungskraft gibt dem Mitarbeiter eindeutig vor, welche Tätigkeiten dieser entsprechend auszuführen hat.
- **Integrierender (verkaufender) Führungsstil** *(„selling").* Hohe Aufgaben- und hohe Beziehungsorientierung kennzeichnen diesen Führungsstil. Der aufgabenrelevante Reifegrad des Mitarbeiters ist ebenfalls gering bis niedrig. Die Führungsperson berücksichtigt bei der Entscheidungsfindung zwar die Meinung des Mitarbeiters, behält sich aber die letzte Entscheidung vor.
- **Partizipativer Führungsstil** *(„participating").* Dieser Stil verbindet hohe Beziehungsorientierung mit niedriger Aufgabenorientierung. Der aufgabenrelevante Reifegrad des Mitarbeiters in diesem Bereich ist mittel bis hoch. Der Mitarbeiter spielt bei der Entscheidungsfindung und -durchsetzung eine aktive Rolle.
- **Delegationsstil** *(„delegating").* Der delegierende Stil ist gekennzeichnet durch eine niedrige Aufgaben- und Beziehungsorientierung, wobei der aufgabenrelevante Reifegrad in diesem Segment als mittel bis hoch anzusetzen ist. Die Führungskraft überträgt dem Mitarbeiter die Entscheidungsbefugnis und die Verantwortung für die Durchführung.

Die Grundannahme dieses Modells ist, dass mit zunehmendem aufgabenrelevantem Reifegrad des Mitarbeiters der aufgabenorientierte Führungsbedarf abnimmt. So muss beispielsweise einem Mitarbeiter mit hoher Motivation aber mit mäßigen bis geringen aufgabenorientierten Kenntnissen die Aufgabe eher „verkauft", bei geringer Motivation eher angewiesen werden. Für die Führung von hoch motivierten Nachwuchskräften (High Potentials) eignen sich besonders der partizipative und der integrierende Führungsstil. Zur optimalen Führung muss der Vorgesetzte demnach in allen vier Führungsstilen kompetent sein (vgl. Jung 2006, S. 433 f.).

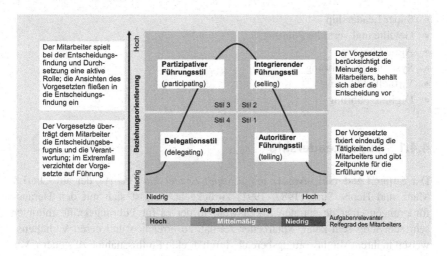

Abb. 4.13 Das situative Führungskonzept von Hersey und Blanchard. (Quelle: Hersey und Blanchard 1981, S. 42)

Hier setzt auch die **Kritik** an diesem Modell an. Zum einen werden die extrem hohen Anforderungen an die Stilflexibilität der Führungskraft als Überforderung angesehen, zum anderen wird bemängelt, dass andere situationsrelevante Faktoren vernachlässigt werden. Positiv wird herausgestellt, dass die Fähigkeiten und Kenntnisse der Mitarbeiter, die in anderen Modellen kaum oder gar nicht einbezogen werden, im Ansatz von Hersey und Blanchard zur Geltung kommen (vgl. Jung 2006, S. 434).

Abb. 4.13 veranschaulicht die vier situativen Führungsstile mit ihren Dimensionen.

4.4 Ausprägungen neuer Führung

Beispielhaft für die Vielzahl neuer Führungsansätze, die auch kurz als New Leadership-Ansätze (und manchmal sogar als „Führungsinstrumente aus dem Silicon Valley") bezeichnet werden, sollen einige besonders intensiv diskutierten Konzepte vorgestellt werden. Im Vordergrund steht hierbei jedoch keine theoretische Durchdringung der einzelnen Führungsansätze, sondern lediglich eine kurze inhaltliche Darstellung der wichtigsten Ausprägungen:

- Super Leadership
- Geteilte und verteilte Führung
- Agile Führung
- Systemische Führung
- Virtuelle Führung
- Digitale Führung.

4.4.1 Super Leadership

Der **Super Leadership-Ansatz** (engl. *Super Leadership Theory*), der auf Charles Manz und Henry Sims (1987, 1991) zurückgeht, befasst sich mit den Herausforderungen einer dezentralen Arbeitswelt, in der es für Führungskräfte mitunter sehr schwierig sein kann, Mitarbeiter zeitnah zu erreichen und deren Verhaltensweisen in ihrem Verantwortungsbereich durch direkte Einflussnahme zu steuern. Vor diesem Hintergrund wird verstärkt auf weichere, weniger starre Formen der Arbeitsorganisation gesetzt. Diese beinhalten unter anderem eine größere Selbständigkeit der Mitarbeiter. Der Super Leadership-Ansatz, der zu den transformationalen New Leadership-Theorien zählt, beschäftigt sich daher intensiv mit der Antwort auf die Frage, wie es Führungskräften gelingen kann, Mitarbeiter zur Selbstorganisation oder „Selbstführung" zu motivieren bzw. zu befähigen. Diese Fähigkeit wird als „Self Leadership" bezeichnet. In der Theorie agiert also der Führende als „Super Leader", der seinen Mitarbeitern flexiblere Rahmenbedingungen für eine zweckgerichtete Selbststeuerung schafft (vgl. Stock-Homburg 2013, S. 515 ff.).

Das Konzept der Super Leadership grenzt sich somit spürbar von klassischen Führungsstilen ab, bei denen der Vorgesetzte die Verhaltenssteuerung der Geführten übernimmt, den Spielraum seiner Mitarbeiter also klar begrenzt. Der Führende agiert nicht mehr als eine Art „Über-Führer", sondern eher als am Arbeitsablauf orientierter Gestalter, der seinen Mitarbeitern Freiräume lässt und die Möglichkeit eröffnet, sich selbst zu organisieren. Der Vorgesetzte selbst sieht sich dabei als Prozessmoderator. Um eine erfolgreiche Self-Leadership durchzusetzen, schlagen die Führungsforscher Manz und Sims einen mehrstufigen Prozess vor, an dessen Ende eine Einführung der Self-Leadership durch Super Leadership erfolgt ist. Dieses Ziel ist dann erreicht, wenn sich Mitarbeiter Aufgaben und Informationen selbstständig suchen und Entscheidungen eigenständig treffen. Grundlage sind dabei stets die Wertvorstellungen des Unternehmens und dessen Strategien (vgl. Schirmer und Woydt 2016, S. 192).

Als Kritik zum Super-Leadership-Ansatz wird angemerkt, dass große Teile des Führungserfolges dann nicht von der Führungskraft abhängen, sondern vom

Mitarbeiter beziehungsweise einzelnen Mitarbeitern. Außerdem ist fraglich, ob dieser Führungsansatz sinnvoll in allen Bereichen oder Branchen angewendet werden kann (vgl. Weibler 2016, S. 390).

4.4.2 Geteilte und verteilte Führung

Infolge von Globalisierung und Digitalisierung verbunden mit neueren Organisationsansätzen (Stichwort: flachere Hierarchien) und zunehmender Forderung nach stärkerer Demokratisierung unternehmerischer Entscheidungsprozesse rückt ein weiterer New Leadership-Ansatz in den Blickpunkt des Interesses – die **geteilte Führung** (engl. *Shared Leadership*). Bei diesem Ansatz steht, wie auch beim Super-Leadership-Ansatz, nicht mehr der Vorgesetzte als Alleinentscheider im Fokus des Führungsprozesses. Vielmehr steht die Frage im Vordergrund, wie Führung in Organisationen aufgeteilt werden soll, um Motivation und Leistung zu optimieren. Führung ist demnach nicht eine Kette von Anweisungen, die vom Vorgesetzten an seine Mitarbeiter weitergegeben wird. Vielmehr sollen sich Führender und Geführter vor dem Hintergrund der Zielvorgabe als quasi Gleichberechtigte sehen. Der Vorgesetzte agiert eher als Beschleuniger, statt die Rolle des Entscheiders einzunehmen (vgl. Schirmer und Woydt 2016, S. 195 ff.; Lang und Rybnikova 2014, S. 151 ff.).

Als Grund für das Entstehen dieser neuen Führungstheorie werden häufig der Wandel der Gesellschaft und der Einzug der „Generation Y" in den Arbeitsmarkt genannt, die nun nach und nach die Mitglieder anderer Generationen (Generation X) ablösen. Wo Mitglieder der Generation X mit Hierarchien und kontrollierten Abläufen aufgewachsen waren, stehen bei den heutigen Digital Natives der Generation Y viel stärker emotionale Werte im Fokus ihres Denkens und ihrer Haltung. Dies führt zwangsläufig dazu, dass die Arbeitsplatzwahl für Mitglieder der Generation Y oftmals an andere Ansprüche geknüpft ist als für die Vorgänger-Generationen.

Neben der Kompetenz- und Führungserweiterung durch das Team ist ein Verständnis von geteilter Führung verbreitet, bei dem zwei Chefs die Führungsrolle in Teilzeit zusammen ausüben. Eine solche Variante der geteilten Führung bietet sich immer dann an, wenn Teilzeit im Unternehmen einen hohen, akzeptierten Stellenwert hat.

In der Praxis wird Shared Leadership unterschiedlich bewertet. Als positive Ergebnisse konnten oftmals mehr Vertrauen unter den Teammitgliedern, eine bessere Teamperformance und auch eine höhere Zufriedenheit der Beschäftigten festgestellt werden. „Fehlende Orientierung" oder „Machtmissbrauch" durch Teammitglieder sind dagegen als negative Effekte zu verbuchen. Um „Geteilte

Führung" in einem Unternehmen zu etablieren bedarf es eines gewissen Durch-
haltevermögens, denn Teil einer erfolgreichen Einführung ist sowohl eine Ein-
übungs- als auch eine Findungsphase aller Mitwirkenden. Als begünstigender
Faktor für die Einführung kristallisierte sich nach Studienergebnissen ein hoher
Frauenanteil, verbunden mit einem insgesamt geringen Altersdurchschnitt, heraus. Außerdem zählten eine hohe ethnische Diversität und ein großes gegen-
seitiges Vertrauen innerhalb der Gruppe. Dementgegen stehen auf der Seite der
Führungskräfte Faktoren wie Kontroll- und Machtverlust, Furcht vor Anarchie,
persönliche Unsicherheit und mangelnde Fähigkeiten im Umgang mit nicht-
direktivem Führungsverhalten. Aufseiten der Mitarbeiter können Furcht vor
zu viel Macht und Verantwortung sowie Angst vor Statusverlust eine Herausforderung darstellen (vgl. Lang und Rybnikova 2014, S. 168 ff.).

In Abgrenzung zur geteilten Führung schließt das (etwas) weitergehende Konzept der **verteilten Führung** (engl. *Distributed Leadership*) über die Gruppe
hinausgehende, aber in diese hineinwirkende strukturelle und z. T. auch kulturelle
Führungsformen zusätzlich mit ein. Dabei spielen formale, pragmatische, strategische, regionale, aber auch kulturelle Verteilung von Führung dann eine Rolle,
wenn die gemeinsamen Annahmen über eine natürliche Teilung der Führungs-
prozesse die Arbeitsgrundlage bilden (vgl. Lang und Rybnikova 2014, S. 168 ff.).

Grundsätzlich haben Shared und Distributed Leadership-Ansätze immer dann
eine besondere Relevanz, wenn es um Teilung und Verteilung von **Führungsaufgaben,** um Aufteilung der **Führungsverantwortung,** um Teilung und Verteilung
von **Machtressourcen** sowie um **gemeinsame, kollektive Einflussausübung** geht.

4.4.3 Agile Führung

Eine praxisbezogene Ausprägung des Shared Leadership ist die **agile Führung,** die seit Jahren stark an Bedeutung gewinnt. Dabei wird agile Führung
als Verhalten interpretiert, bei der die Mitarbeiter selbstbestimmt den Weg der
Aufgabenbewältigung festlegen und somit in Entscheidungen eingebunden
werden. Wichtig ist dabei, dass hierarchische Strukturen aufgebrochen werden. Mitarbeiter sollen ihre Kompetenzen selber erkennen, einschätzen und sich
gegenseitig Feedback geben. Agiles Führen kann sogar bedeuten, dass Führungs-
funktionen nach dem Motto **„Mitarbeiter wählen ihren Chef"** infolge eines
basisdemokratischen Wahlprozesses temporär auf einzelne Mitarbeiter übertragen
werden (vgl. Schirmer und Woydt 2016, S. 200).

Der Begriff **Agilität** unterscheidet folgende Ebenen:

- Agile Werte und Prinzipien, die im sogenannten *agilen Manifest* festgelegt sind,
- Agile Methoden (z. B. Scrum, IT-Kanban, Design Thinking) und
- Agile Praktiken, Techniken und Tools (Product Owner, Product Backlog, Time Boxing).

Die agile Führung ist in der Softwareentwicklung entstanden und dort inzwischen eher die Regel denn die Ausnahme. Aber auch im IT-nahen Umfeld, wie beispielsweise der Einführung von ERP-Systemen und im Non-IT-Bereich, wie der Produktentwicklung, spielen agile Methoden und Prinzipien eine immer wichtigere Rolle. Agile Methoden stellen Werte und Prinzipien in den Vordergrund, wo bisher Methoden und Techniken im Fokus waren. Die Softwareentwicklungsmethodik **Scrum** kann dabei als eine Art Vorreiter der agilen Führung bezeichnet werden: Anstatt Projekte nach starren Plänen zu führen, gehen agile Projekte flexibler vor. Scrum kommt aus dem Rugby-Sport und bezeichnet eine „Gedränge-Formation", in der sich die beiden Teams nach einer kurzen Spielunterbrechung zur Weiterführung wieder zusammenfinden. Scrum setzt auf selbstorganisierende Teams ohne Projektleiter in der Softwareentwicklung. Die Teams teilen das Gesamtprojekt in kurze Intervalle (Sprints) auf. Am Ende der Intervalle stehen in sich abgeschlossene Teilergebnisse, die durch eigenverantwortliche und selbstorganisiert arbeitende Entwickler realisiert werden. Damit wird auf die bisher sehr umfangreichen, bürokratischen Planungs- und Vorbereitungsprozesse verzichtet, die letztlich zu einer Trennung von Planung und Ausführung führten (vgl. Schirmer und Woydt 2016, S. 199).

In agilen Organisationen „formieren sich Mitarbeiter in Squads (interdisziplinäre Produktteams), Tribes (Zusammenschluss von Squads mit gemeinsamer Business Mission) und Chapters (Wissens- und Erfahrungsschwerpunkte über die Squads hinweg) zu ständig neuen Teams. Die Führungsorganisation umfasst Product Owners (Prozessverantwortliche innerhalb eines Squads), Tribe Leads (Managementverantwortliche innerhalb eines Tribes) und Chapter Leads (hierarchische Funktion mit ganzheitlicher Personalverantwortung innerhalb eines Chapters). Zusätzlich bieten agile Coaches individuelle Begleitung von Einzelpersonen oder Moderation von Teams an" (Jochmann 2019).

Agile Methoden treffen immer dann auf fruchtbaren Boden, wenn sich das Führungsverständnis zunächst der Projektmanager und dann der Führungskräfte mit wandelt. Der Boden hierfür scheint aber gut aufbereitet, denn agile Methoden finden zunehmend Interesse bei Teamleitern wie im Top-Management und werden deutlich positiver bewertet als die des klassischen Projektmanagements. Allerdings zeigen Umfragen, dass erst 20 % aller befragten Unternehmen (n = 902) agile Methoden durchgängig („nach Lehrbuch") bei der Durchführung und Planung von Projekten einsetzen und nutzen (Quelle: GPM-Status Quo Agile 2017).

4.4.4 Systemische Führung

Obwohl die transformationalen New-Leadership-Ansätze davon ausgehen, dass Entscheidungsprozesse weitgehend selbstorganisiert durch die Mitarbeiter geschehen, so sind sie jedoch noch so gestaltet, dass Führungskräfte steuernd eingreifen können. Bei der **Systemischen Führung** betrachtet man Unternehmen als Systeme, in denen Lenkungshandlungen dagegen zu einer Vielzahl von direkten und indirekten Führungsreaktionen führen, womit eine klassische, beeinflussende Führung „unmöglich" wird.

> Systeme sind Ganzheiten, die sich aus einzelnen Elementen zusammensetzen die miteinander über Relationen verbunden sind und interagieren Unternehmen stellen mit ihren Subsystemen und Elementen, d. h. Abteilungen und Mitarbeitern, komplexe Systeme dar. Komplexität beschreibt dabei die Fähigkeit eines Systems, eine große Zahl verschiedener Zustände einnehmen zu können bzw. mit einer großen Zahl unterschiedlich zusammengesetzter Reaktionen auf Impulse reagieren zu können (Schirmer und Woydt 2016, S. 201).

Mit dieser Beschreibung werden Unternehmen von einfacheren Systemen wie zum Beispiel Maschinen, die auf gewisse Reize nur mit einer bestimmten Reaktion antworten können, abgegrenzt. Bei der systemischen Führung geht man davon aus, dass die **Komplexität** ein wichtiger Bestandteil wirksamer Führung ist. Dabei beschränkt sie sich nicht auf die Beziehungen zwischen Führungskräften und Mitarbeitern allein, sondern schließt die Beziehungen aller beteiligten Stakeholder des Systems ein. Die Führungskraft agiert dabei lediglich als Impulsgeber. Aufgrund der großen Komplexität und der vielen Einflüsse ist ein Steuern der Prozesse durch die Führungskraft so kaum noch möglich.

Der wichtigste Baustein der Systemischen Führung ist die **Kommunikation.** Hierbei gilt es vor allem, den Mitarbeitern durch eine gezielte Gesprächsführung neue Perspektiven darzustellen. Ziel dabei ist allerdings nicht, dass alle Mitarbeiter später eine einheitliche Sichtweise vertreten. Um zu diesem Punkt zu kommen, werden von Führungskräften Werkzeuge wie Skalen- oder Klassifikationsfragen genutzt. Skalenfragen werden dazu eingesetzt, um Wertigkeiten oder Bedeutungen einschätzen zu können. Eine mögliche Skalenfrage wäre hier: „Wie wichtig ist auf einer Skala von eins bis zehn die Zufriedenheit unserer Mitarbeiter?" Eine Klassifikationsfrage wird eingesetzt, um unterschiedliche Betrachtungsweisen erkennbar zu machen, so beispielsweise: „Welche unserer neuen Produkte werden den meisten wirtschaftlichen Erfolg bringen?"

Die Systemische Führung liefert keine einfachen Lösungen in Form von Handlungsanweisungen. Daher wird versucht, die wahrgenommene Realität der Mitarbeiter so zu beeinflussen, dass Lösungen selbstorganisiert gefunden werden können. Allerdings verwehrt die sehr spezifische Theoriefundierung vielen Praktikern einen Zugang zur Systemischen Führung (vgl. Schirmer und Woydt 2016, S. 203).

4.4.5 Virtuelle Führung (Führung mit neuen Medien)

Virtualität beschreibt Eigenschaften eines konkreten Objekts, die nicht physisch, aber durch den Einsatz von Zusatzspezifikationen (z. B. von neuen Kommunikationsmöglichkeiten) realisiert werden können. Bei virtueller Führung kann mithilfe dieser Zusatzeigenschaften trotz physischer Abwesenheit von Führungskräften geführt werden. Es geht hier also nicht um die „Führung der Möglichkeit nach", sondern um die Führung realer Mitarbeiter mit Hilfe von modernen Informations- und Kommunikationstechnologien bzw. sozialen Medien (vgl. im Folgenden Wald 2014, S. 356 ff.).

Das zentrale Problem virtueller Führung ergibt sich aus der **Distanz** bzw. den fehlenden persönlichen Kontakten zwischen Führenden und Geführten. Dabei ist die Entfernung nicht entscheidend für die Effektivität der Kommunikation, wohl aber für die Effektivität der Führung. Der fehlende persönliche Bezug und fehlende Informationen zum sozialen Kontext erschweren den Aufbau sozialer Beziehungen und von Vertrauen. Dies kann Passivität und Leistungszurückhaltung der Mitarbeiter hervorrufen. Andererseits werden der Umgang mit dieser Distanz, d. h. die erfolgreiche Kommunikation mit modernen Medien, sowie der Aufbau und der Erhalt von Vertrauen, unter virtuellen Bedingungen unverzichtbar.

Letztlich sind es nach Peter M. Wald vier Perspektiven, aus denen man sich dem Phänomen der virtuellen Führung nähern kann:

- Virtuelle Führung als Führung aus der Distanz – Aus der Entfernung führen
- Virtuelle Führung als E-Leadership – Mit neuen Medien führen
- Virtuelle Führung als Führung mit neuen Beziehungen – Neue Führungsbeziehungen gestalten
- Virtuelle Führung als emergente (neu aufkommende) Führung – Entstehende Führung nutzen

Führung kann unter virtuellen Bedingungen auf verschiedene Instanzen „verteilt" werden, d. h. die Teamführung, wenn also Teammitglieder gemeinsam Führung ausüben, kann unter virtuellen Bedingungen empfehlenswert zu sein, weil damit die Selbststeuerungsfähigkeit des Teams erhöht wird. Gemeinsam ausgeübte Führung beeinflusst die Leistung stärker als in konventionellen Teams. Fragen nach dem Verhältnis der Führungsformen (zentral/verteilt, transaktional/transformational), Wirkungen ihres Einflusses und die Umsetzung interaktionaler Führung unter virtuellen Bedingungen sind aber bislang noch unbeantwortet.

Abb. 4.14 fasst die verschiedenen Perspektiven virtueller Führung und ihre Kernaussagen zusammen.

Die Empfehlungen zur Gestaltung virtueller Führung beinhalten neben Hinweisen für die Auswahl und Entwicklung von Führungskräften auch konkrete Vorschläge zur Umsetzung virtueller Führung mittels Kommunikation, Vertrauen, Beziehungen und Distanzführung. In Abb. 4.15 finden sich entsprechende Vorschläge zu ausgewählten Anforderungen.

4.4.6 Digitale Führung

Zunächst eine Klarstellung: Es gibt keine „digitale Führung" (und sollte es auch nie geben). Gemeint ist vielmehr eine „digitale Führung**kompetenz**". Hinter dem Begriff „Kompetenz" steht die Frage, ob eine Person die Fähigkeit besitzt,

Perspektive	Spezifische Sicht	Kernaussagen
Distanz	Virtuelle Führung als Führung aus der Entfernung, die Vertrauen voraussetzt	Virtuelle Führung ist Führung räumlich entfernter Personen, ist Führung mit zusätzlichen Charakteristika, wie räumliche, soziale, kulturelle Distanz, ist medienunterstützte Führung und findet unter veränderten Organisationsformen statt
Neue Medien	Virtuelle Führung als Führung unter Nutzung von Neuen Medien, Informations- und Kommunikationstechnologien und sozialen Medien, Führung als E-Leadership	Virtuelle Führung ist ein sozialer Einflussprozess, der durch Medien vermittelt wird, um Veränderungen in Einstellungen, Emotionen, dem Denken und Verhalten und/oder der Leistung von Individuen, Gruppen und/oder Organisationen zu erreichen
Neue Beziehung	Virtuelle Führung als Führung mit veränderten Führungsbeziehungen, neu verteilten Informationen und neuen Kontrollmöglichkeiten	Virtuelle Führung ist Führung, die den veränderten Möglichkeiten einer veränderten Verteilung von Informationen insbesondere durch verstärkten Einsatz von sozialen Medien Rechnung trägt, bei der es auch zu Emergenzen kommen kann
Führungsstilpräferenz	Virtuelle Führung als Führung in virtuellen Organisationen oder unter den Bedingungen der Virtualität	Unter virtuellen Bedingungen oder bei verstärkter Nutzung von IuK kommt es zu veränderten Präferenzen hinsichtlich der verschiedenen Führungskonzepte: geeignet scheinen v.a. geteilte/transaktionale/transformationale sowie partizipative, zielorientierte Führung

Abb. 4.14 Zusammenfassung von Kernaussagen zur virtuellen Führung. (Quelle: Wald 2014, S. 368)

Anforderungen	Beispiele
Kommunikation bzw. kommunikative Fähigkeiten	• Zuhören, Sondieren, Beratungen führen • Anreicherung der Kommunikation • Medienkompetenz und Fähigkeit zum konstruktiven Feedback, Kommunikation einer klaren Vision
Vertrauen bzw. Vertrauensaufbau	• Förderung von Bindung und Commitment • Aufbau und Unterstützung des Vertrauens durch neue Medien, Sicherstellung, dass Diversität angenommen wird • Fairnessbewusstsein, hohe Integrität und Vertrauensbereitschaft
Umgang mit Beziehungen	• Gezielter Aufbau und Erhalt der Beziehungen auch durch IuK/soziale Medien • Erkennen von Bedürfnissen über die Distanz sowie partizipative Orientierung • Förderung einer Atmosphäre der Zusammenarbeit und Empowerment
Distanzführung	• Arbeitsfortschritte erkennen, Zielerreichung kontrollieren, Work-Life-Balance sichern, Umgang mit Komplexität • Steuerung virtueller Work-Life-Zyklen, Teamfortschritte (mit Medien beobachten), Ausbau der Sichtbarkeit der Teammitglieder • Niedriges Kontrollbedürfnis und realistische Zielsetzung

Abb. 4.15 Ausgewählte Anforderungen an Führungskräfte im virtuellen Kontext. (Quelle: Wald 2014, S. 375)

selbstorganisiert zu handeln. Kompetenzen bilden den Kern dessen, was man als einen fähigen Mitarbeiter bezeichnet. Kompetenzen sind der zentrale Faktor für die Leistungsfähigkeit des Individuums und damit auch für die Leistungsfähigkeit des Teams, der Abteilung und des Unternehmens als Ganzes. Im Mittelpunkt steht demnach die tatsächliche Handlungsfähigkeit der betreffenden Person. **Kompetenzen** gehen damit deutlich über **Qualifikationen** hinaus. Während eine Qualifikation bestätigt, dass ein formal definiertes und – zumindest in der Theorie – objektives Lernziel (z. B. der Bachelorabschluss in Business Administration) erreicht wurde, bezieht sich eine Aussage über die Kompetenz einer Person darauf, welche Fähigkeiten eine Person tatsächlich besitzt (vgl. Ciesielski und Schutz 2016, S. 105 f.).

Kompetenzen umfassen die Gesamtheit der Erfahrungen, Handlungsantriebe, Werte und Ideale einer Person oder einer Community. In der Kompetenzforschung haben sich nach Erpenbeck und Heyse **vier Schlüsselkompetenzgruppen** herausgebildet (siehe Abb. 4.16):

- **Personale Kompetenzen** (z. B. Loyalität, Glaubwürdigkeit, Eigenverantwortung)
- **Aktivitäts- und Handlungskompetenzen** (z. B. Tatkraft, Entscheidungsfähigkeit, Initiative)
- **Fach- und Methodenkompetenzen** (z. B. Fachwissen, Planungsverhalten, Marktkenntnisse)
- **Sozial-kommunikative Kompetenzen** (z. B. Kommunikations-, Integrations-, Teamfähigkeit).

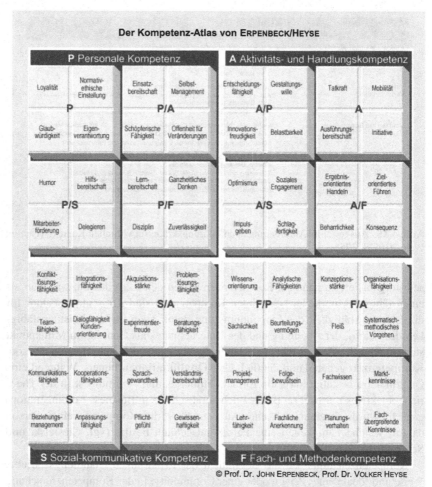

Der Kompetenz-Atlas von ERPENBECK/HEYSE

© Prof. Dr. JOHN ERPENBECK, Prof. Dr. VOLKER HEYSE

Seit den 1990er Jahren entwickeln John Erpenbeck und Volker Heyse die Kompetenzmessinstrumente KODE® und KODE®X. Grundlage ihres Messinstruments ist ihr sogenannter Kompetenz-Atlas, in dem sie 64 Schlüsselkompetenzen strukturiert auf- führen. Mit ihrem Modell und ihrem Messinstrument kann jeder seine eigenen Kompetenzen analysie- ren, Defizite erkennen und gezielt daran arbeiten, diese zu beheben. Dafür haben die Wissenschaftler spezifische Trainingsprogramme entwickelt.

Abb. 4.16 Der Kompetenz-Atlas nach Erpenbeck und Heyse

Explizit *nicht* enthalten in den Schlüsselkompetenzgruppen ist die **Führungskompetenz**. Sie ist vielmehr eine **Querschnittskompetenz**. Führungskompetenz wird am häufigsten mit folgenden Schlüsselkompetenzen in Verbindung gebracht:

- Kommunikationsfähigkeit
- Entscheidungsfähigkeit
- Teamfähigkeit.

Interessanterweise liegt bislang das Augenmerk bei den Führungstrainings allerdings auf den Methoden und Fachkompetenzen.

Geht man jetzt von der (herkömmlichen) Führungskompetenz zur **digitalen Führungskompetenz** über, so kommen ganz offensichtlich zwei Kompetenzen hinzu, die in der Kompetenzarchitektur so nicht zu finden und daher ebenfalls als Querschnittskompetenzen zu bezeichnen sind: die Medienkompetenz und die interkulturelle Kompetenz. **Medienkompetenz** wird zwar nicht unbedingt von einer Führungskraft erwartet, der sichere Umgang mit sozialen Medien wird aber immer wieder als entscheidender Mangel aktueller Führungskräfte angesehen. Als solch ein Mangel gilt auch die **interkulturelle Kompetenz,** denn in der Praxis nehmen Führungskräfte meist nur dann an interkulturellen Trainings teil, wenn sie eine längere Zeit im Ausland verbringen werden. Auf der Grundlage dieser beiden (zusätzlichen) Kompetenzen müssen für die konkreten Führungsaufgaben verschiedene Teil- und Schlüsselkompetenzen ermittelt, definiert und gewichtet werden (vgl. Ciesielski und Schutz 2016, S. 122).

4.5 Führungserfolg und Führungsverständnis im Vergleich

Alle genannten Führungskonzepte der New Work haben zwar ihren Ursprung in neuen Anforderungen (Umgang mit räumliche Distanz, mit neuen Medien, mit flachen Hierarchien, mit unterschiedlichen Wertvorstellungen verschiedener Generationen etc.), letztendlich sind es aber sehr ähnliche und teilweise überschneidende Ausprägungen eines grundsätzlich neuen Führungsverständnisses, das sich wie folgt skizzieren lässt:

- **Gemeinsames Verständnis** von Zielen und Aufgaben als sich entwickelnde Basis der Kommunikation
- **Gemeinsame Verantwortlichkeit der Gruppe** für den Prozess und die Entwicklung der eigenen Kooperationsfähigkeiten

- **Gemeinsame, selbst organisierte Führung,** sowohl auf Projekt- als auch auf Abteilungsebene
- Jahresendprozesse **ohne Kalibrierung** der Mitarbeiter
- Hohes Maß an gegenseitigem **Vertrauen**
- Hinterfragen der **Sinnhaftigkeit** von Aufgaben und Akzeptanz einer **positiven Fehlerkultur.**

Abb. 4.17 liefert einen groben Vergleich klassischer und neuer Führungskonzepte.

In den neuen Führungskonzepten wird die Führungsrolle also ziemlich anders gesehen als in den klassischen Führungstheorien. Wesentliche Elemente der **Führung** übernehmen selbst organisierte Teams. Damit liegt einer Organisation, in der praktisch jeder Führung übernehmen kann, eine ganz andere Führungshaltung zugrunde: Mitarbeitern wird grundsätzlich vertraut. Solche Organisationsmodelle entsprechen in ihrer ausgeprägten Form dem **transformationalen und kooperativen Führungsstil.**

	Klassische Ansätze	Neuere Ansätze
Einflussausübung	Einseitig	Wechselseitig
Führungshandeln	Führungsstil	Strategien, Taktiken
Machtbeziehung	Herrschaft der Führer	Anteil der Geführten, Machtbalancen
Instrument der Zielerreichung	Erfolg abhängig von Führungsstil	Viele Faktoren, vernetzt, zirkulär, viele Alternativen
Merkmal der Persönlichkeit	Eigenschaften der Führungskraft	Zuschreibung durch Geführte
Gruppenphänomen	Formelle Führung, Statik	Informelle, emergente Prozesse, Dynamik
Führungsansätze	Eigenschaftsansatz, Verhaltensansatz, Situativer Ansatz	New Leadership-Ansätze, Systemische Ansätze, Virtuelle Ansätze

Abb. 4.17 Vergleich klassischer und neuerer Führungskonzepte. (Quelle: modifiziert nach Lang und Rybnikova 2014, S. 24)

Fazit 5

Die Vielzahl von Theorien und Modellen, die als Erklärungsmuster für Aktivitäten im Personalmanagement herangezogen werden können, sind hier in drei große Gruppen unterteilt worden:

- Ökonomische Ansätze
- Verhaltenswissenschaftliche Ansätze
- Führungsansätze bzw. -theorien.

Während bei den ökonomischen Ansätzen die Frage nach dem ökonomischen Erfolg untersucht wird, stehen bei den verhaltenswissenschaftlichen Ansätzen eher der Mensch und sein Verhalten im Mittelpunkt des Forschungsinteresses. Beide Forschungsansätze sind aber nicht primär der Personalwirtschaft zuzuordnen; vielmehr sind sie zunächst in anderen Wirtschaftsbereichen entwickelt worden und dann auf mehrere Personal-Aktionsfelder übertragen worden. Anders dagegen die Forschungsansätze und -theorien, die sich vornehmlich mit dem (Teil-)Aspekt der Personalführung befassen und schwerpunktmäßig der Frage nachgehen, wie Führungserfolg erklärt und wie gute Führung erreicht werden kann.

Ökonomische Ansätze beruhen auf den Forschungsergebnissen der neuen Institutionenökonomik einerseits und auf dem ressourcenbasierten Ansatz andererseits. Bei den Ansätzen der Institutionenökonomik geht es vornehmlich um die Bestimmung der richtigen Koordinations- und Organisationsform von Unternehmen, wobei die Spezifität der Mitarbeiter und das Maß der Unsicherheit bei der Entscheidungsfindung wichtige Gradmesser sind, um Kosten zu sparen. Beim ressourcenbasierten Ansatz hängt der Erfolg des Unternehmens hauptsächlich davon ab, wie gut insbesondere die humanen Ressourcen genutzt und gepflegt werden.

© Springer Fachmedien Wiesbaden GmbH, ein Teil von Springer Nature 2019
D. Lippold, *Theoretische Ansätze der Personalwirtschaft*, essentials,
https://doi.org/10.1007/978-3-658-26089-7_5

Verhaltenswissenschaftliche Ansätze haben ihren Fokus auf Psyche und Verhalten der Mitarbeiter. Attraktive Anreize zu schaffen und dafür zu sorgen, dass die Mitarbeiter zufrieden sind und auf lange Zeit gebunden werden können, sind hier die wichtigsten Ziele. Da die Menschen (zumindest) nach (relativer) Gerechtigkeit streben, sollten diese Anreize gerecht und transparent sein.

Eigenschaftsorientierte Führungsansätze gehen davon aus, dass herausragende menschliche Leistungen letztendlich auf die koordinierende Kraft angeborener oder erworbener *Persönlichkeitseigenschaften* zurückzuführen sind. In gleicher Weise wie die Eigenschaftstheorie die Persönlichkeitsmerkmale einer Führungskraft in den Mittelpunkt stellt, werden die Merkmale der Geführten und auch die jeweilige Führungssituation als eher nebensächlich angesehen.

Verhaltensorientierte Führungsansätze die in der zeitlichen Entwicklung folgen, haben nicht die Persönlichkeitsmerkmale, sondern das *Verhalten* der Führungsperson im Fokus. Dabei wird unterstellt, dass der Erfolg einer Führungskraft von seinem Verhalten gegenüber den Mitarbeitern abhängt. Im Mittelpunkt der Verhaltenstheorien stehen die Führungsstile. Außerdem erlaubt die verhaltensorientierte Perspektive die Annahme, dass Führungsverhalten erlern- und trainierbar ist.

Situative Führungsansätze schreiben den Erfolg einer Führungsperson vornehmlich ihrer *situativen Anpassungsfähigkeit* zu. Diese Ansätze gehen über die ausschließliche Betrachtung von Persönlichkeitsmerkmalen bzw. Verhaltensweisen hinaus, indem sie unterstellen, dass der erfolgreiche Einsatz bestimmter Merkmale bzw. Verhaltensweisen in Abhängigkeit von der jeweiligen Führungssituation variiert. Die situativen Führungstheorien haben sich bis heute unter den theoretisch-konzeptionellen Führungsforschungsansätzen am stärksten durchgesetzt.

New Work-Führungsansätze haben ihren Ursprung in den neuen Herausforderungen der Arbeitswelt (Umgang mit räumlicher Distanz, mit neuen Medien, mit flachen Hierarchien, mit unterschiedlichen Wertvorstellungen verschiedener Generationen etc.). Wesentliche Elemente der Führung übernehmen hier selbst organisierte Teams. Damit liegt einer Organisation, in der praktisch jeder Führung übernehmen kann, eine ganz andere Führungshaltung zugrunde: Mitarbeitern wird grundsätzlich vertraut. In den neuen Führungskonzepten wird die Führungsrolle also ziemlich anders gesehen als in den klassischen Führungstheorien. Trotzdem entsprechen solche Organisationsmodelle in ihrer ausgeprägten Form dem transformationalen und kooperativen Führungsstil – Führungsstilausprägungen, die in den klassischen Führungstheorien ihren Ursprung haben.

Was Sie aus diesem *essential* mitnehmen können

- Hintergrundinformationen zu den wichtigsten Theorien, die für die Aktionsfelder der Personalwirtschaft von Bedeutung sind
- Wie Theorien als Erklärungsmuster für zahlreiche Erscheinungen und Phänomene in der Personalwirtschaft dienen können
- In welch vielfältiger Art und Weise Forschungsansätze und -theorien der Frage nachgehen, wie Führungserfolg erklärt und wie gute Führung erreicht werden kann

© Springer Fachmedien Wiesbaden GmbH, ein Teil von Springer Nature 2019   65
D. Lippold, *Theoretische Ansätze der Personalwirtschaft,* essentials,
https://doi.org/10.1007/978-3-658-26089-7

Literatur

Adams JS (1965) Inequity in social exchange. In: Berkowitz L (Hrsg) Advances in experimental social psychology, Bd 2. Academic Press, New York, S 267–299

Alderfer C (1972) Existence, relatedness, and growth: human needs in organizational settings. Free Press, New York

Bamberger L, Wrona T (1996) Der Ressourcenansatz und seine Bedeutung für die Strategische Unternehmensführung. Z Betriebswirtsch Forsch 48(2):130–152

Barnard CI (1938) The functions of the executive. Harvard University Press, Cambridge

Barney J (1991) Firm resources and sustained competitive advantage. J Manag 17:99–120

Bartscher T, Stöckl J, Träger T (2012) Personalmanagement. Grundlagen, Handlungsfelder, Praxis. Pearson, München

Bass B (1985) Leadership and performance beyond expectations. Free Press, New York

Baumgarten R (1977) Führungsstile und Führungstechniken. Springer, Berlin

Becker M (2010) Personalwirtschaft. Lehrbuch für Studium und Praxis. Schäffer-Poeschel, Stuttgart

Beugré CD (1998) Managing fairness in organizations. Praeger, Westport

Blake RR, Mouton JS (1972) Besser verkaufen durch GRID. ADMOS Media GmbH, Düsseldorf

Blau PM (1964) Exchange und Power in Social Life. Wiley, New York

Brietze R, Lippold D (2011) Gerecht und motivierend Eine Fallstudie zur Vergütungsgerechtigkeit bei Führungskräften. zfo 4(11):230–237

Bröckermann R (2007) Personalwirtschaft. Lehr- und Übungsbuch für Human Resource Management, 4. Aufl. Schäffer-Poeschel, Stuttgart

Ciesielski MA, Schutz T (2016) Digitale Führung. Wie die neuen Technologien unsere Zusammenarbeit wertvoller machen. Springer, Wiesbaden

Coase RH (1937) The nature of the firm. Economica 4(16):386–405

Colquitt JA, Greenberg J, Zapata-Phelan CP (2005) What is organizational justice? a historical overview. In: Greenberg J, Colquitt JA (Hrsg) Handbook of organizational justice. Psychology Press, Mahwah, S 3–58

Cropanzano R, Rupp DE, Mohler CJ, Schminke M (2001) Three roads to organizational justice. Res Person Hum Resour Manag 20:1–113

Drumm HJ (2000) Personalwirtschaft, 4. Aufl. Springer, Berlin

© Springer Fachmedien Wiesbaden GmbH, ein Teil von Springer Nature 2019
D. Lippold, *Theoretische Ansätze der Personalwirtschaft*, essentials,
https://doi.org/10.1007/978-3-658-26089-7

Eigler J (1997) Transaktionskosten und Personalwirtschaft Ein Beitrag zur Verringerung der Ökonomiearmut in der Personalwirtschaftslehr. ZfP 1997(1):5–29

Feldmann M (2010) Die Wahrnehmung der Gerechtigkeit von Führungskräften in Arbeitssituationen – Ein kritischer Beitrag zur Messung und Analyse von Gerechtigkeitswahrnehmungen in Organisationen, Hagen

Fiedler FE (1967) Engineer the Job to Fit the Manager. Harvard Bus Rev 43(5/1965):115–122

Gay F (2006) Das DISG®Persönlichkeits-Profil: Persönliche Stärke ist kein Zufall, 34. Aufl. Persolog, Remchingen

Gümbel R, Woratschek H (1995) Institutionenökonomik. In: Tietz B, Köhler R, Zentes J (Hrsg) Handwörterbuch des Marketing, 2. Aufl. Schäffer-Poeschel, Stuttgart, S 1008–1020

Halpin AW, Winer BJ (1957) A factorial study of the LBDQ. In: Stogdill P, Coons A (Hrsg) Leader behavior Its description and measurement (S. Ohio State University, Columbus, S 39–51

Hauser M (2000) Charismatische Führung: Fluch und Segen zugleich? FAZ 42(14.02.2000):69

Häußler T (2011) Zeitliche Entwicklung von Netzwerkbeziehungen: Theoretische Fundierung und empirische Analyse am Beispiel von Franchise-Netzwerken. Springer, Wiesbaden

Hersey P, Blanchard KH (1981) So you want to know your leadership style? Training Dev J 1981(June):34–54

Herzberg F (1966) Work and the nature of man. Staples Press, Cleveland

Herzberg F, Mausner BM, Snyderman B (1959) The motivation to work. Transaction Publishers, New York

Homans GC (1958) Social behavior as exchange. AJS 63(3):597–606

House RJ (1977) A theory of charismatic leadership. In: Hunt JG, Larson LL (Hrsg) Leadership. The cutting edge. Southern Illinois University Press, Carbondale, S 189–207

Hungenberg H, Wulf T (2011) Grundlagen der Unternehmensführung Einführung für Bachelorstudierende, 4. Aufl. Springer, Heidelberg

Jacobs G, Dalbert C (2008) Gerechtigkeit in Organisationen. Z Wirtschaftspsychologie 10(2):3–13

Jago AG (1995) Führungstheorien – Vroom-Yetton-Modell. In: v Kieser A, Reber G, Wunderer R (Hrsg) Handwörterbuch der Führung. Schäffer-Poeschel, Stuttgart, S 1063

Jensen M, Meckling W (1976) Theory of the firm: managerial behavior, agency costs and ownership structure. J Financial Econ 3(4):305–360

Jochmann W (2019) https://www.linkedin.com/pulse/top-trends-hr-und-people-manage-ment-2019-dr-walter-jochmann/

Jung H (2006) Personalwirtschaft, 7. Aufl. Oldenbourg, München

Kaas KP (1992) Marketing und Neue Institutionenlehre; Arbeitspapier Nr. 1 aus dem Forschungsprojekt ‚Marketing und ökonomische Theorie‘, Frankfurt a. M.

Kuß A (2013) Marketing-Theorie. Eine Einführung, 3. Aufl. Springer-Gabler, Wiesbaden

Lang R, Rybnikova I (2014) Aktuelle Führungstheorien und – konzepte. Springer, Wiesbaden

Lippold D (2010) Die Personalmarketing-Gleichung für Unternehmensberatungen. In: Niedereichholz et al (Hrsg) Handbuch der Unternehmensberatung. Gabler, Berlin

Lippold D (2014) Die Personalmarketing-Gleichung. Einführung in das wert- und prozessorientierte Personalmanagement, 2. Aufl. De Gruyter Oldenbourg, München

Lippold D (2015) Die Marketing-Gleichung. Einführung in das prozess- und wertorientierte Marketingmanagement, 2. Aufl. De Gruyter, Berlin

Lippold D (2017) Marktorientierte Unternehmensführung. Management im digitalen Wandel. De Gruyter, Berlin

Lippold D (2019a) Wieviel Demokratie verträgt Mitarbeiterführung? https://lippold.bab-consulting.de/wieviel-demokratie-vertraegt-mitarbeiterfuehrung. Zugegriffen: 12. Febr. 2019

Lippold D (2019b) Was bei einer Führungskultur unverhandelbar sein sollte. https://lippold.bab-consulting.de/was-bei-einer-fuehrungskultur-nicht-verhandelbar-sein-sollte. Zugegriffen: 12. Febr. 2019

Macharzina K, Wolf J (2010) Unternehmensführung. Das internationale Managementwissen. Konzepte – Methoden – Praxis. Springer-Gabler, Wiesbaden

March J, Simon H (1973) Organizations. Wiley, New York

Marston WM (1928) Emotions of normal people. Harcourt, Brace and Company, New York

Maslow A (1970) Motivation and personality, 2. Aufl. Harper & Row, New York

McClelland D (1961) The achieving society. Martino Fine Books, Princeton

Myers DG (2010) Psychology, 9. Aufl. Worth Publishers, New York

Neuberger O (2002) Führen und führen lassen. Ansätze, Ergebnisse und Kritik der Führungsforschung, 6. Aufl. UTB, Stuttgart

Rathenow M (2011) Theorien der Allianzforschung: Inwiefern die relationale Perspektive und die soziale Austauschtheorie den Transaktionskostenansatz ergänzen. Diplomica, Hamburg

Reddin WJ (1981) Das 3-D-Programm zur Leistungssteigerung des Managements. Moderne Industrie, Landsberg

Reuter U (2011) Der ressourcenbasierte Ansatz als theoretischer Bezugsrahmen – Grundlagen, Theoriebausteine und Prozessorientierung, Diskussionspapierreihe Innovation, Servicedienstleistungen und Technologie der Universität Stuttgart, 3/2011.

Robbins S (2001) Organisation der Unternehmung. Pearson, München

Sagie A, Koslowsky M (1994) Organizational attitudes and behaviors as a function of participation in strategic and tactical change decisions: an application of path-goal-theory. J Organ Behav 15(1):37–47

Schirmer U, Woydt S (2016) Mitarbeiterführung, 3. Aufl. Springer, Wiesbaden

Scholz C (2011) Grundzüge des Personalmanagements. Vahlen, München

Schriesheim C, Castro S, Zhou X, DeChurch L (2006) An investigation of path-goal and transformational leadership theory predictions at the individual level of analysis. Leadersh Q 17(1):21–38

Simon H (1997) Administrative behavior, 4. Aufl. Free Press, New York

Staehle W (1999) Management, 8. Aufl. Vahlen, München

Steinmann H, Schreyögg G (2005) Management. Grundlagen der Unternehmensführung. Konzepte – Funktionen – Fallstudien, 6. Aufl. Gabler, Wiesbaden

Stogdill R (1948) Personal factors associated with leadership: a survey of the literature. J Psychol 72(3):444–451

Stogdill R (1974) Handbook of leadership: a survey of theory and research. Free Press, New York

Stock-Homburg R (2013) Personalmanagement: Theorien – Konzepte – Instrumente, 3. Aufl. Springer Gabler, Wiesbaden

Tannenbaum R, Schmidt WH (1958) How to choose a leadership patter. Harvard Bus Rev 2(1958):95–101

Thibaut JW, Kelley HH (1959) The social psychology of groups. Wiley, New York

von Rosenstiel L (1975) Die motivationalen Grundlagen des Verhaltens in Organisationen. Duncker & Humblot, Berlin

von Rosenstiel L (2003) Führung zwischen Stabilität und Wandel. Vahlen, München

Vroom VH, Yetton PW (1973) Leadership and decision-making. University of Pittsburgh Press, Pittsburg

Wald PM (2014) Virtuelle Führung. In: Lang R, Rybnikova I (Hrsg) Aktuelle Führungstheorien und – konzepte. Springer, Wiesbaden, S 355–386

Weber M (1976) Wirtschaft und Gesellschaft. Grundriss der verstehenden Soziologie, 5. Aufl. Mohr-Striebeck, Tübingen

Weibler J (2016) Personalführung, 3. Aufl. De Gruyter, München

Wiswede G (2007) Einführung in die Wirtschaftspsychologie, 4. Aufl. UTB, Stuttgart

Williamson O (1975) Markets and hierarchies. Analysis and antitrust implications. Free Press, New York

Williamson O (1985) The economic institutions of capitalism. Firms, markets, relational contracting. Macmillan, New York

Winter DG (2002) The motivational dimensions of leadership power, achievement, and affiliation. In Riggio RE, Murphy SE, Pirozzolo FJ (Hrsg) Multiple intelligences and leadership. Routledge, New York, S 119–138

Wofford J, Liska L (1993) Path-goal theories of leadership: a meta-analysis. J Manag 19(4):857–876

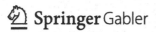

Printed in the United States
By Bookmasters